CB057659

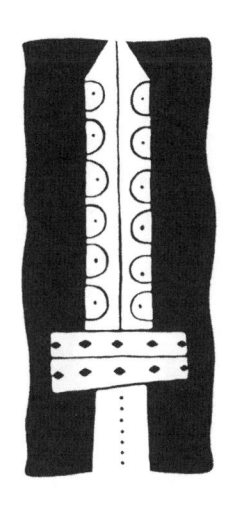

OGUNHÊ!

coleção orixás

OGUM

"CAÇADOR, AGRICULTOR, FERREIRO, TRABALHADOR, GUERREIRO E REI"

REGINALDO PRANDI

COLABORAÇÃO DE RENAN WILLIAM DOS SANTOS

Rio de Janeiro | 2024
1ª edição | 2ª reimpressão

PALLAS

Para meus omó kekerê nascidos na Casa das Águas, filhos do babalorixá Armando Akintundê de Ogum:

Leda Bandelê de Ogum, Cristina Ominlesi de Oxum, Haydée Omindarê de Iemanjá, MirmaOyaleti de Oiá, Fátima Omifunkê de Oxum, Ronaldo Afolayan de Oxaguiã, Cláudio Shobandê de Oxóssi, Aparecida Toloji de Ogum, Tiago Akorô de Ogum, Sílvio Fagbenlê de Logum Edé, Fernando Olayá de Airá, Teresinha Tomori de Omulu e Augusto Rotimi de Oxalufã.

E para a omó mi Lourdes Oosanifé de Oxalufã, que vive em nossa lembrança.

Uns estão em casa.
Outros ficaram pelo caminho,
abrigados sob outros tetos.
Um dia nos reuniremos todos
e contaremos histórias
do que nos juntou
e do que nos separou.

Copyright© 2019
Reginaldo Prandi

Editoras	Coordenação de produção
Cristina Fernandes Warth	e diagramação
Mariana Warth	*Daniel Viana*

Concepção gráfica de capa,	Preparação de
miolo e ilustrações	originais e revisão
Luciana Justiniani	*Eneida D. Gaspar*

Este livro segue as regras do Novo Acordo Ortográfico da Língua Portuguesa.

Todos os direitos reservados à Pallas Editora e Distribuidora Ltda. É vetada a reprodução por qualquer meio mecânico, eletrônico, xerográfico etc., sem a permissão por escrito da editora, de parte ou totalidade do material escrito.

Este livro foi impresso em dezembro de 2024, na Gráfica Edelbra, em Erechim.
O papel de miolo é o offset 75g/m^2 e o de capa é o cartão 250g/m^2.
A fonte usada no miolo é a Gill Sans 10/17.

CIP-BRASIL. CATALOGAÇÃO NA PUBLICAÇÃO
SINDICATO NACIONAL DOS EDITORES DE LIVROS, RJ

P923o

Prandi, Reginaldo, 1946-
  Ogum : caçador, agricultor, ferreiro, trabalhador, guerreiro e rei / Reginaldo Prandi ; colaboração Renan William dos Santos. - 1. ed. - Rio de Janeiro : Pallas, 2019.
  176 p. ; 17 cm.   (Orixás ; 11)

  Inclui bibliografia
  ISBN 978-85-347-0600-1

  1. Cultos afro-brasileiros. 2. Ogum (Orixá). I. Título. II. Série.

19-61097	CDD: 299.67
	CDU: 259.4

Meri Gleice Rodrigues de Souza - Bibliotecária CRB-7/6439

Pallas Editora e Distribuidora Ltda.
Rua Frederico de Albuquerque, 56 — Higienópolis
21050-840 — Rio de Janeiro — RJ
Tel./Fax: (21) 2270-0186
E-mail: pallas@pallaseditora.com.br
www.pallaseditora.com.br

SUMÁRIO

1 OGUM E OS CAMINHOS DA HUMANIDADE ♦ 11

2 NAÇÕES E QUALIDADES DE OGUM ♦ 27

OGUM NO CANDOMBLÉ ♦ 30

BATUQUE, SANTERIA, TAMBOR DE MINA E OUTRAS NAÇÕES DE CANDOMBLÉ ♦ 39

UMBANDA ♦ 44

3 SINCRETISMO, SÍMBOLOS E OFERENDAS ♦ 47

SINCRETISMO ♦ 47

SÍMBOLOS ♦ 53

OFERENDAS ♦ 56

4 RITUAIS ♦ 59

5 CANTOS SAGRADOS DE OGUM ♦ 75

6 OS FILHOS DE OGUM ♦ 95

7 NOMES DOS FILHOS DE OGUM E SEUS SIGNIFICADOS ♦ 99

8 O QUE OGUM PODE FAZER PARA SEUS DEVOTOS ♦ 107

9 OGUM NA CULTURA POPULAR ♦ 111

**10 TRABALHO, PRAZER E PODER
         NOS MITOS DE OGUM** ♦ 133

SOBRE O TRABALHO ♦ 135

SOBRE AMOR E SEXO ♦ 143

SOBRE O PODER E A GUERRA ♦ 158

GLOSSÁRIO ♦ 169

BIBLIOGRAFIA ♦ 173

1 | Ogum e os caminhos da humanidade

Na África, Ogum é um dos deuses dos povos que falam a língua iorubá ou uma de suas múltiplas variantes dialetais. Esses povos habitam diferentes cidades distribuídas por territórios hoje localizados na Nigéria e, em menor parte, no Benim e no Togo. O Ogum dos iorubás, povos mais comumente denominados nagôs no Brasil, também é cultuado pelos povos vizinhos fons, chamados jejes no Brasil. Durante o hediondo tráfico de escravos da África para as Américas, os tumbeiros, como eram chamados os navios negreiros,

· OGUM ·

trouxeram para o lado de cá do Atlântico milhões de homens, mulheres e crianças roubados de suas famílias, de suas aldeias, de suas culturas, de seu mundo, enfim.

Desses prisioneiros, contudo, não chegaram aos portos americanos apenas os corpos para exploração nas plantações, minas e serviços. Vieram também suas almas, sentimentos, línguas, costumes e crenças e, em suas crenças, seus deuses: seus orixás, seus voduns e tantas outras divindades e entidades que cada etnia cultuava em sua casa, em sua nação. Muito disso sobreviveu nestas terras estranhas, sob as mais miseráveis condições de vida. Foi esse "contrabando" cultural, sempre e mesmo até hoje rejeitado pelo país branco, ocidental e católico que o recebeu, que ajudou a formar o Brasil e outros países americanos. Ogum, o orixá Ogum, o deus do ferro dos iorubás, é um desses tijolos que alicerçaram a construção do Brasil moderno.

Ogum é visto, por um lado, como um orixá guerreiro, sanguinário, cruel, instável, dominador e impaciente. Por outro, é aquele que abre os caminhos,

· OGUM ·

mostra novas oportunidades, propicia a força necessária nas disputas e dificuldades do dia a dia. É aquele que nos dá os instrumentos materiais necessários à nossa sobrevivência, que garante a nossa segurança e vence por nós as nossa guerras. Por fim, Ogum é também protagonista de mitos que falam de amores e paixões carnais, e chega ao ponto de ir à guerra por amor.

Ogum é antes de tudo um herói civilizador: na memória de seu povo, ele está à frente na formação da cultura e da história, personificando os diferentes momentos da própria evolução da humanidade. Criado por Oxalá, o ser humano recebeu das mãos de Ogum, assim como das de Oxaguiã, a cultura material que garantiu seu alastramento na Terra como a criatura capaz de dominar todas as demais. Assim como Oxaguiã fez com o pilão e outros instrumentos de beneficiamento de alimentos que vieram depois, Ogum deu à humanidade a faca, instrumento de ferro, de vida e morte, que dotou a mão do ser humano do poder de cortar, para o bem e para o mal.

· OGUM ·

À época de seu traslado da África ao Brasil na cultura dos negros escravizados, já cabia a Ogum o patronato da guerra. E assim ele nos foi apresentado: como santo guerreiro, como "aquele que tem água em casa mas prefere se banhar com sangue", como diz um de seus inúmeros oriquis – frases poéticas que descrevem sucintamente o que a pessoa é, que complementam seu nome, o orucó. Mas, no tempo em que a humanidade vivia basicamente da coleta e da caça, cabia a Ogum o governo divino dessas atividades essenciais. Ogum era o exímio caçador, o senhor das matas, o grande provedor, a quem se recorria para superar o problema básico da existência: comer, vencer a fome, alimentar o grupo, a família, os filhos. Acompanhando a humanidade em sua longa marcha através dos séculos, Ogum foi conquistando outros poderes, mas não é raro nos depararmos com uma narrativa heroica que nos fala de um Ogum saudoso de sua antiga vida de caçador e coletor que perambulava livre pelas florestas, em meio aos animais, usando seus instrumentos de caça. Essa nostalgia da vida nos campos acompanha até hoje não só Ogum, mas também os habitantes que se instalaram nas grandes cidades, nas quais enfrentam diariamente as dificuldades do mundo moderno.

Na África, diz-se que Ogum é o primogênito de Odudua, cultuado na cidade sagrada de Ilê-Ifé como o pai da nação iorubá. Grande guerreiro, Ogum conquistou muitas cidades, trazendo para a cidade de seu pai os despojos dos povos conquistados, o que aumentou cada vez mais o poderio de Odudua. Ogum não sucedeu ao pai. Depois de Odudua, Ilê Ifé foi governada por Obalufã, que também pôde contar com muitas riquezas conquistadas na guerra por seu irmão Ogum. Entre as cidades submetidas por Ogum, a mais famosa foi Irê, cujo governo Ogum deu a um de seus filhos prediletos, reservando para si o título de Onirê, o Senhor de Irê. Um outro mito conta que, vencida a guerra contra Irê e morto seu rei, Ogum tornou-se sim o soberano dessa cidade, mas por alguma razão nunca usou sua coroa, substituindo-a por um diadema chamado acorô, razão pela qual

· OGUM ·

Ogum também é chamado de Alacorô, ou dono da pequena coroa.

Na verdade, as cidades que constituíam o império de Oió, que durou entre aproximadamente 1400 e 1835, apesar de pagarem tributo ao rei de Oió, tinham seus próprios reis. Os reis das cidades mais importantes usavam uma complexa e alta coroa, dotada de uma cascata de contas que escondiam o rosto do soberano. O soberano de Irê, que ocupava um lugar menor na complexa teia de poder de Oió, usava essa coroa mais simples chamada acorô.

Voltando à história de Ogum, conta-se que, deixando Irê aos cuidados do filho, Ogum se ausentou muitos anos e, ao voltar, vitorioso como sempre, não teve de seu povo a recepção que imaginava merecer. Ninguém falava com ele, não respondia as suas perguntas, não se curvava diante dele, não demonstrava sequer reconhecê-lo. Na verdade, a cidade realizava uma cerimônia dedicada aos antepassados, que impunha silêncio absoluto, mas Ogum não sabia disso. Enfurecido, pôs-se a destruir o que encontrava pela

OGUM

frente. No mercado buscou cerveja e vinho para acalmar a sede e a raiva que sentia, decepando com sua espada, um a um, os jarros de bebidas dispostos no chão para a venda, mas os jarros estavam todos vazios. A raiva aumentava, e Ogum passou a cortar a cabeça de quem encontrava pela frente.

À tarde, findo o período de interdição que impunha silêncio, seu filho que governava a cidade correu ao encontro do pai lhe trazendo explicações e comida. Trouxe carne de cachorro e caracóis, azeite de dendê, verduras cozidas, jarras de vinho de palma. Ogum acalmou a fome, a sede e o desespero de se sentir desprezado em sua própria cidade. Mas era tarde demais: muitos e muitos do seu povo, os quais deveria proteger, estavam mortos pelo fio de sua espada. As ruas do povoado eram rios de sangue. Em desespero, Ogum arrancou suas roupas e se cobriu de mariô – folhas novas desfiadas da palmeira de dendê –, tal como se fazia e ainda se faz com o corpo dos defuntos. A cena está narrada em seu oriqui, que diz: "Ogum tem roupa em casa, mas prefere se cobrir de mariô".

· OGUM ·

O Aiê, o mundo em que vivemos, não é lugar para os mortos nem para os que se sentem indignos da vida, como era o caso, então, de Ogum. Assim, ele bateu sua espada no chão com toda a sua força de herói invencível e foi tragado pelo Orum, o lugar dos deuses e dos mortos que esperam pelo renascimento. Mas Ogum não era um morto qualquer, sua glória conquistada em vida o elevava muito acima de um ser humano comum. Por isso, Ogum entrou no Orum como um orixá, deixou de ser humano para ser um deus. Desde então, é venerado nas terras onde viveu e também em muitas outras partes do mundo, para onde a memória de seus feitos foi levada por força das circunstâncias históricas da diáspora negra.

Da vida de Ogum na Terra, ali onde foi transportado ao Orum com sua espada, ficou sua rústica vestimenta de franjas da folha da palmeira. As entradas e saídas dos lugares sagrados são enfeitadas com o mariô de Ogum, lembrando a todos que a coragem e a determinação não se completam sem a humildade de assumir o erro cometido. "Curvem-se ao passar sob

OGUM

as franjas do mariô", essa é a mensagem, em homenagem a Ogum e, por extensão, a todos os orixás e antepassados ilustres. Por isso, o mariô guarda a porta que separa o mundo profano do mundo sagrado nos terreiros e templos ao redor do mundo.

A mitologia transmitida de geração a geração, de pai para filho, de africano para brasileiro e mais tarde da palavra que sai da boca para a letra eternizada no livro, conta também que Ogum um dia descobriu que torrões derretidos pelo calor intenso no entorno da fogueira podiam ser moldados como pontas de flecha, substituindo as pontas de pedra até então usadas pelos caçadores. De repente, Ogum estava produzindo, com o material que nós chamamos de ferro, facas que cortavam com perfeição e sem maior esforço. Depois vieram as tesouras, tenazes, martelos e tudo o mais que se pode fazer do ferro. Conta-se que, com o sopro de Oiá, a fogueira em que o ferro era derretido por Ogum deu origem à forja, nada mais que o fogo atiçado pelo vento forte, o sopro da Senhora das Tempestades, a Rainha dos Ventos, a

Dona dos Raios, que foi uma das companheiras de Ogum. Dessa forja nasceu também a enxada que cava o solo e transforma a arte do agricultor, ampliando as colheitas e permitindo a sobrevivência de um mundaréu de homens e mulheres que se espalharam para cobrir de gente a face da Terra.

O antes solitário caçador é agora o senhor da forja, o ferreiro. E de sua ferraria sai o ancinho que cultiva a roça, mas também a espada que mata o inimigo em campo de batalha. Ogum trabalha os campos e produz inhame suficiente para alimentar seu povo. Porém, ao mesmo tempo que a enxada é modelada do ferro em brasa para dar mais comida, a forja transforma seu ferreiro no mais armado e temido dos guerreiros. A sina de Ogum é acompanhar cada passo avançado pela história da humanidade. Coletor, caçador, agricultor, ferreiro, guerreiro e rei não resumem, contudo, a história toda. Apenas seu começo. Tudo que é trabalho está ligado a Ogum, desde as origens da aventura da humanidade no Aiê. É com a máquina de ferro, por sua vez, que se instala a indústria. Antes

• OGUM •

artesão, Ogum agora é operário. Salta do mato para a aldeia, da aldeia à cidade, inventa profissões, meios de produção, personifica irmandades de ofício e classes sociais.

A estrada de ferro e suas locomotivas fumarentas, os caminhos de ferro, enfim, levam Ogum para lugares distantes e novos, e o trazem de volta para casa ao fim de mais uma jornada. Segundo a tradição dos cultos a esse orixá, nada melhor que depositar junto aos trilhos da estrada de ferro as oferendas merecidas por Ogum pelo seu trabalho em nosso benefício, não há como ele deixar de as encontrar. Não há olhos mais argutos do que os do caçador. Uma oferenda, é bom que se diga, é o testemunho de uma lembrança, a prova de que aquele a quem se deve a vida e as migalhas que se juntam na sua composição não foi esquecido. É o que os devotos de Ogum e de seus irmãos orixás chamam de ebó. O que pode garantir melhor a vida senão a comida, venha ela da caça ou da colheita, além da certeza de poder andar pelos caminhos em segurança, sem medo do ladrão, do assassino e do caçador de escravos? Para isso Ogum está lá feito soldado do povo.

Dizem que, cansado de viver no mato, Ogum entregou a Oxóssi o patronato da caça. Sem tempo para cuidar da agricultura, fez de Orixá Ocô o senhor do cultivo da terra. Cada vez mais sua atividade se ligou ao trabalho urbano, a ponto de ser tomado como padroeiro dos ferreiros, operários, motoristas, engenheiros, tecnólogos e cientistas. Quando o ferro evolui para o aço, Ogum caminha junto. Até na linha de montagem, onde o operário foi substituído pela máquina automática, Ogum está presente, duplamente: pelo trabalho que se executa e pelo aço de que é feito o robô. Os cabos que sustentam as pontes são os dedos de Ogum, e os veículos que as atravessam num sentido ou noutro são os pés do orixá guerreiro.

Seu lado guerreiro também fez dele o protetor de soldados, policiais e vigias. Onde há uma contenda, uma disputa de poder, uma luta pelos melhores postos, Ogum está presente. Ele também está nos esportes competitivos, em que a força, a resistência e a rapidez se garantem pela musculatura construída pelo esforço físico. Por isso Ogum também é o deus do corpo perfeito, que só o trabalho manual e seus sucedâneos, como as academias de musculação e de lutas, podem propiciar. Mas Ogum não se manteve afastado dos assuntos do amor e da conquista amorosa, campo em que Oxum impera como a mais bela entre as mulheres e as deusas orixás. Não são poucos os relatos míticos das aventuras de Ogum guiadas pelo desejo sexual e vontade de conquista, quase sempre tendo Oxum como objeto de sua paixão e Xangô como o eterno rival. Amou todas as mulheres que encontrou em sua atribulada vida e teve filhos, ainda que não necessariamente legítimos. Mas Ogum prefere cuidar do trabalho e da guerra, deixando para Oxum a solução das pendências amorosas dos humanos.

O gosto de Ogum pela guerra, contudo, não faz dele um sanguinário insensível. Ogum é um guerreiro destemido e rude, que toma banho de sangue, como se diz, mas tem seus momentos de grande sensibilidade e gratidão. Como conta um de seus mitos, ele

• **OGUM** •

chegou certa vez a um povoado e foi ao mercado em busca de comida para seu exército faminto. Encontrou somente uma velha senhora vendendo acaçá, e Ogum, que parecia um mendigo em trajes andrajosos, pediu-lhe que servisse o mingau a seus homens, que mais se pareciam com cachorros esfaimados do que com soldados valorosos, o que de fato eram. Antes disso, a vendedora consultara Ifá para saber como podia melhorar seus negócios, e o babalaô lhe disse que fizesse oferendas e esperasse pela chegada de um rei. Dito e feito, a mulher alimentou os homens e quando Ogum lhe disse que lamentava não ter dinheiro para lhe pagar o preço justo, ela respondeu que servir a seu rei já era pagamento suficiente. Ogum, impressionado com o desprendimento da vendedora, deu à velha senhora uma boa parte do butim de guerra que ele trazia, inclusive os escravos que ficaram encarregados de levar tudo para a casa da vendedora de acaçá. A mulher nunca mais precisou vender acaçá no mercado, mas ia todo dia ao local para falar maravilhas sobre Ogum. Como a história

· OGUM ·

ficou conhecida de todos, quem vende acaçá sempre reserva uma parte para Ogum. Tanto se falou de Ogum, de feira em feira, de boca em boca, que seu nome e suas proezas ganharam o mundo e até hoje são proferidos com admiração e louvor.

2 | NAÇÕES E QUALIDADES DE OGUM

Ogum é um e é muitos, vários são seus nomes e diversos são os cultos a ele dedicados. Na África, ele está constantemente associado ao número 7, que é a quantidade de suas invocações ou nomes mais conhecidos, e também uma referência às sete aldeias que antigamente formavam a chamada cidade de Irê e que estavam sob seu governo. Geralmente, como ocorre com outros deuses e deusas do mundo antigo, um nome particular de Ogum pode estar associado ao nome do templo ou local em que ele é cultuado, como Ogum Ondó, em Pobê, e Ogum Edeí, em Ilodô.

Como aconteceu nas mais antigas tradições, é costume entre os seguidores dos orixás invocar em cada templo, em cada cidade, em cada grupo de culto, algum aspecto específico das aventuras da divindade, ou etapa biográfica, dando em cada invocação um nome particular ao objeto de culto. Foi assim na Grécia, em Roma, no Egito, em todo lugar e época.

Também é assim entre os que cultuam Jesus e sua mãe, Maria. Erguem-se templos para a Maria que deve dar à luz o filho de Deus sem ter perdido a virgindade, a Virgem da Conceição. Reza-se para a mãe de Cristo que chora a morte do filho, a N. Sa. das Dores; cultua-se a que tem mais de 50 títulos invocados na chamada ladainha, a N. Sa. do Ó; fazem-se promessas e pedidos de intercessão a N. Sa. da Anunciação, a que recebe do anjo a notícia de sua missão de mãe de Jesus; a N. Sa. da Natividade, aquela que dá à luz o filho de Deus; à virgem que é levada pelos anjos ao Céu na hora da morte, a N. Sa. da Assunção; a que reina no Céu, a Senhora da Glória; a que ensinou os católicos a rezar, a N. Sa. do Rosário; a que leva oferendas ao Templo de Jerusalém no sétimo dia após o parto, para se purificar, recebendo nessa invocação os nomes de Nossa Senhora da Purificação, da Luz, das Candeias, ou da Candelária. Todas são a mesma santa Virgem Maria, mãe de Jesus.

Além da descrição do ato vivido, o culto pode incluir a designação do local de alguma aparição, milagre ou instalação de uma igreja. Por isso temos Nossa Senhora da Conceição Aparecida, de Guadalupe, de Fátima, de Lourdes, do Carmo, de Mediugorje, de Lujan... O mesmo se dá com o Filho: o Cristo Redentor, o Menino Jesus de Praga, o Crucificado, o Senhor do Bonfim, o Jesus Morto, o Redentor, e tantos e tantos nomes, cada nome uma invocação, uma reiteração da crença, uma renovação do culto, uma ênfase num aspecto da biografia sagrada.

Esses acréscimos refletem a homenagem do local que mantém seu templo, culto ou tradição. São todos multiplicações da mesma crença, diversificação do exercício da fé, reiteração de um mesmo princípio por meio de variações nominais e rituais. Esses aspectos, circunstâncias e lugares que dão nome aos deuses e santos e que ensejam cultos específicos também são chamados avatares, invocações ou qualidades.

São muitas as qualidades de Ogum, mesmo porque, já na África, era um dos orixás cultuados em todo o território iorubá, praticamente em todas as cidades. No Brasil, Ogum é cultuado pelas nações originadas de tradições iorubá (queto, alaqueto, egbá, ijexá, oió), fon (candomblé jeje, jeje mahim, jeje savalu, jeje mina, jeje nagô), bantas (candomblé angola, congo, moçambique) e também pela umbanda.

OGUM NO CANDOMBLÉ

Na nação queto, para a qual se dispõe de documentação mais ampla, as qualidades de Ogum são:

· OGUM ·

MEJÊ

Como o próprio nome diz, esta qualidade se refere ao número 7, e pode se referir às 7 cidades ou aldeias africanas que são citadas na mitologia de Ogum. O Ogum cultuado como Mejê é considerado velho, violento, matador, vingativo, destruidor e rabugento. Uma de suas cantigas repete os seguintes versos: *Ogum Mejê Mejê lodê Irê / Ogum Mejê o pê ejejê*, palavras que, em tradução livre, podem significar: *Ogum está nas sete partes de Irê, Ogum é todos os sete e se completa com sete.*

ONIRÊ

Nome formado de Oni (rei) e Irê. Ogum Onirê, após ter conquistado a cidade de Irê, aparece como um orixá mais velho, porém dinâmico, entusiasta, empreendedor, orgulhoso. Nunca deixa de se mostrar também impaciente e arrebatado, fazendo lembrar sempre aquele que corta cabeças, mas que depois se arrepende e se acalma. Diz um cântico sagrado: *Ogum onidá a pá eniá*, ou seja, *Ogum é o dono da espada que mata gente.*

ACORÔ OU ALACORÔ

Ao ser coroado na cidade de Irê, Ogum recebe uma coroa mais simples e menor do que a coroa usada pelos reis, ou obás, das diferentes cidades iorubás, coroa essa que se chama acorô. Ele é jovem, dinâmico, entusiasta, protetor, seguro, fiel porém impulsivo. Para ele se canta: *Ogum Alacorô, le eleri iri*, cujo significado em português seria: *Ogum senhor da pequena coroa, que procura e dá felicidade.*

OGUM

AIACÁ

Depois de permanecer em Irê por certo tempo, Ogum deixa a cidade sob governo de um de seus filhos. É chamado, então, de Aiacá, o senhor do mundo. A cidade já não é suficiente para alimentar sua fome de poder. É o grande e jovem guerreiro que está sempre a caminho de uma nova conquista, e, para isso, mostra-se sanguinário, cruel, agressivo, voluntarioso, irascível e prepotente. Diz um dos versos dedicados a ele: *Ogum Aiacá, gbpa um ejé ejé*, ou *Ogum senhor do mundo, que bebe sangue e mais sangue*.

OGUNJÁ

Nome formado pela frase *Ogum je ajá, Ogum come cachorro*. Quando Ogum retorna a Irê e não é reconhecido, ele se enfurece e mata muitos de seus habitantes. Depois que toma ciência da razão do silêncio dos súditos, ele se acalma e lhe é servido um banquete preparado com carnes de cachorros. Nesse momento, Ogunjá se mostra velho, indecifrável, solitário, aparentando uma calma que certamente não lhe é própria. Quando se manifesta em transe nos terreiros de candomblé, Ogunjá se veste de branco, que é a cor preferida dos orixás *funfun*. Nos rituais dos funfuns, sobretudo aqueles devotados à Oxaguiã, Ogum costuma se mostrar nessa qualidade de Ogunjá. Diz-se dele: *Ogum Oni já lole, Ogum jé aja*, ou seja, *Ogum golpeia com força, Ogum come cachorro*.

ALAGBEDÉ

Esta qualidade de Ogum nos fala da ocupação de ferreiro que é característica desse orixá. Aqui ele é um trabalhador severo, consciente, exigente, meticuloso e capaz de executar o seu trabalho com muita calma e atenção. Pode ser reverenciado com estas palavras: *Ogum Alagbedé aregum, lagbedé irim, Ogum Alabedé*

· OGUM ·

Orum, ou, *Ogum o ferreiro saúda maravilhado o ferro na forja, Ogum é o ferreiro do Orum (Céu)*.

OROMINA

É o Ogum associado ao fogo, louvado juntamente com Exu Ina. Também está associado à forja através do fogo, iná, que a alimenta e surge na companhia de sua esposa, Oiá. É severo, cuidadoso e trabalhador. O elemento fogo lhe dá a característica de orixá que pode, a qualquer momento, mostrar-se perigoso, apesar dos benefícios que o fogo trouxe para a humanidade. Pode-se dizer para ele o seguinte verso: *Ogum orô mi ina*, isto é, *O ritual de Ogum se faz com fogo*.

UARI

Popularmente conhecido também por Ogum Aires. É uma qualidade de Ogum que o associa tanto ao orixá

· **OGUM** ·

Ossâim como aos orixás *funfun*. Pelo lado de Ossâim Ogum é considerado o senhor das folhas de mariô. Nessa qualidade, Ogum não teme a morte nem os rituais fúnebres, mas é mantido à distância por sua característica de orixá pouco sociável. Um de seus versos diz: *Ogum oni mariô aroiê, Ogum é o senhor das folhas novas e altas do dendezeiro.*

IGBO

Esta qualidade representa, na biografia mitológica de Ogum, a época em que ele se dedicava à caça, mantendo uma ligação muito estreita com a floresta e seus segredos. Por causa disso, está associado a Ossâim e também a Oxóssi, considerado seu irmão, a quem Ogum teria delegado o patronato da caça quando se estabeleceu como ferreiro. Diz-se dele: *Ogum lorixá ti pa eni ti ó xé odé, Ogum li oxé*, que pode ser traduzido como *Ogum é de todos, ofender os caçadores é o mesmo que ofender Ogum.*

· OGUM ·

EDEÍ

Originalmente guardião da cidade de Ilodô, Ogum Edeí guarda todas as porteiras, entradas e saídas. Como Exu mora no portão de entrada, sua relação com Edeí é estreita. Ele é jovem, responsável, protetor e aparentemente calmo. Canta-se: *Ogum xi ati pa awon onã*, isto é, *Ogum abre e fecha os caminhos*.

MENÊ

É o patrono da agricultura. É jovem, trabalhador e bom chefe de família, que protege os filhos e demais crianças. Está associado a Orixá Ocô, a quem deixou os cuidados da agricultura. É o menos agressivo dos Ogum, mostrando-se sempre simpático, cortês e afável. Considerado também um grande namorador. Sua festa principal se dá na época da colheita de inhame. Canta-se para ele: *Ogum li oni ixu ti wo gbo xun*, ou *Ogum é o senhor dos inhames, que ele mesmo corta e põe para assar.*

XOROQUÊ

É o Ogum que come junto com Exu, no mesmo recipiente, e muito se assemelha, em suas atitudes e modos de agir, ao seu companheiro de repasto. Até bem pouco tempo, havia entre os iniciados do candomblé inescondível preconceito contra os filhos espirituais de Exu, que podiam ser considerados uma espécie de filhos do Diabo. Por isso, quando o oráculo revelava que um novo iniciado pertencia ao orixá Exu, era comum o pai ou mãe de santo fazer a iniciação desse filho para o orixá Ogum, mais especificamente para Ogum Xoroquê. Canta-se: *Ogum Xoroquê odará*, isto é, *Ogum faz bela cerimônia na montanha.*

• OGUM •

BATUQUE, SANTERIA, TAMBOR DE MINA E OUTRAS NAÇÕES DE CANDOMBLÉ

Essa lista não esgota o assunto. Qualidades de um orixá dependem do local onde o culto é realizado e das diferenças étnicas que estão na base das religiões dos orixás. Na religião dos orixás praticada no Rio Grande do Sul, sob o nome de batuque, as qualidades de Ogum são assim denominadas: Mejê, Avagã, Eléfa, Djocô, Miratã, Deí, Caribó, Dilê, Caraló, Orobá, Duluá, Irê, Ló, Maniceó. É fácil reconhecer que há nomes comuns à lista anterior. Outras denominações, contudo, são particulares do batuque.

Em outros países da América onde os orixás são igualmente cultuados, a distinção de qualidades amplia ainda mais as variantes já apresentadas. Vejamos o caso da santeria, que é a religião dos orixás em território cubano. Ali, o orixá Ogum recebe as seguintes designações:

OGUM

OGUM ONILÉ

Trata-se do orixá que trabalha a terra e que está associado às propriedades rurais, às granjas, sítios e fazendas.

VALENYÉ

Também lavrador, é, contudo, um Ogum mais jovem e mais agressivo em comparação com a qualidade Onilé.

ARARÉ

O senhor da forja, dono dos metais, especialmente do ferro, e igualmente patrono da guerra.

• OGUM •

OGUM ODÉ

Como o próprio nome diz, é o Ogum caçador, que se refere a uma época em que a caça era o principal meio de subsistência na África.

AGUANILLÉ

É o orixá do bosque, da floresta, que se relaciona com Ossâim e Oxóssi. Trata-se de uma qualidade progressivamente apagada na história mitológica de Ogum.

ALAGUEDÉ

Ferreiro em tempo de paz e guerreiro em tempo de guerra, passando de tranquilo e metódico a brutal e irascível.

· OGUM ·

AROKÉ OU OLUKOLÓ

Talvez seja essa a qualidade que faz a referência mais antiga ao processo civilizatório. É o Ogum coletor, antes mesmo de ser caçador. Esse avatar não sobreviveu nos cultos brasileiros.

ECHIBIRIKÍ

É o Ogum romântico, que vive em constante combate com Xangô por causa de sua paixão por Iemanjá, que o cega e o enlouquece, a tal ponto que sua ferocidade não tem igual na Terra.

OGUM OQUÊ OU AFAMULE OU OGUMBÍ

É o Ogum que habita as montanhas e as terras altas, identificado em Cuba como sendo o próprio orixá Oquê.

OGUM

OGUM NHACO-NHICO

É um Ogum bravo, matador, sanguinário.

OGUNDEÍ

Uma forma de ferreiro, ainda no começo de sua invenção da forja.

OGUM LAIKÉ

Qualidade provavelmente derivada da saudação devida a Ogum: *Ogum Lakayé, Ogum senhor do mundo.*

Temos que lembrar ainda que há qualidades de Ogum cultuadas no tambor de mina, em que Ogum pode ser denominado Doçu. Do mesmo modo, nas nações bantas do candomblé, em que Ogum é chamado de Roximucumbe, e na nação jeje mahim, em que seu nome principal é Gum, mas são fartas as designações do orixá que especificam etapas de sua vida, atividades preferenciais e atributos de sua personalidade.

UMBANDA

Por fim, na umbanda, Ogum também se divide em múltiplas qualidades, podendo cada um dos nomes seguintes se referir ao orixá Ogum ou a um guia espiritual do grupo dos caboclos e encantados:

OGUM MEJÊ

Ogum que se relaciona com Omulu e encabeça as entidades que fazem parte da linha das Almas.

· OGUM ·

OGUM BEIRA-MAR

Invocado nas cerimônias das praias e cultuado juntamente com Iemanjá. Talvez seja o mais famoso dos Oguns no Brasil.

OGUM DE RONDA OU NARUÊ

Trata-se de uma invocação usualmente referida nos cultos da quimbanda em que Exu e Pombagira são as entidades centrais.

OGUM MATINATA

Relacionado a Oxalá, mantém deste o aspecto frio e etéreo.

OGUM

OGUM DILEI OU DELÊ

Liga-se com o fogo e, por conseguinte, com Xangô. Pratica, inclusive, atos de justiça, como o orixá do trovão.

OGUM IARA

Relacionada com as sereias e mães d'água, está ligado ritualmente ao orixá Oxum.

OGUM ROMPE-MATO

Senhor da floresta, que abre os caminhos para aqueles que se perdem no mato. Relaciona-se com Oxóssi.

3 | SINCRETISMO, SÍMBOLOS E OFERENDAS

SINCRETISMO

Os orixás trazidos para o Brasil logo se enfrentaram com os santos católicos, que eram os "donos" do lugar ocupado pelos colonizadores. Para os nagôs, cada orixá governa um aspecto do mundo, que está presente nas dimensões natureza, sociedade e indivíduo. Para os católicos, tudo o que existe no mundo é governado por Deus, tendo os santos apenas o papel de intercessores. No catolicismo popular, contudo, os santos são vistos com poderes semelhantes aos dos orixás, podendo, eles mesmos, interferir nas coisas do mundo – talvez uma herança histórica do velho paganismo europeu sobre o qual o catolicismo plantou suas raízes. Assim, para o adepto pouco familiarizado com os fundamentos teológicos, o papel do orixá não difere em essência do papel do santo católico. Se um e outro cuidam da mesma coisa, ambos podem ser vistos como uma só entidade. Isso fez com que os recém-chegados africanos reconhecessem nos santos católicos muitos de seus orixás. A isso se chamou sincretismo.

Há, contudo, uma outra razão pela qual os devotos dos orixás, voduns e inquices tiveram muita facilidade em adotar a religião católica sem ter que abandonar a religião que trouxeram de sua terra natal. As religiões dos africanos, embora tenham cada uma um deus primordial, caracterizam-se por uma divisão de tarefas entre diferentes deuses. Elas são religiões politeístas, tendo como uma de suas principais características a grande facilidade de incorporar deuses e entidades

· OGUM ·

de outras religiões, acreditando que essa soma dota o ser humano de maior poder religioso e, consequentemente, de maior controle sobre o mundo. Isso é o fundamento cultural do sincretismo.

Assim, quando um seguidor do candomblé se declara católico, ele não está necessariamente escondendo um credo sob outro. É claro que, muitas vezes, a declaração de adesão ao catolicismo era forçada para se evitar perseguições. Mas também é possível, do ponto de vista das religiões afro-brasileiras, cultuar os orixás e os santos católicos ao mesmo tempo. Não se trata de fingimento, como se usava ensinar nas escolas de antigamente, mas de uma sincera visão religiosa de mundo que é aglutinadora, que junta em vez de separar.

O sincretismo estabelece paralelos entre o orixá e o santo tanto em função de suas responsabilidades sobre diferentes aspectos do mundo, como em razão de certos símbolos comuns a ambos. Por exemplo, o controle do raio uniu Iansã a santa Bárbara, ao mesmo tempo em que as flechas identificaram Oxóssi e são Sebastião; o domínio sobre as águas do mar uniu Iemanjá e N. Sa. dos Navegantes, ao mesmo tempo em que o uso da lança identificou Erinlé com santo Expedito.

Uma vez que o culto dos orixás se desenvolveu de forma autônoma em cada região do país, o sincretismo com os santos católicos pode diferir de cidade para cidade, partindo-se dos mais diversos paralelismos possíveis, considerando-se sempre os santos católicos mais populares no local. Vale mencionar ainda que, enquanto o sincretismo afro-católico associa virtudes e valores reconhecidos pelos devotos de ambos os lados, existem outras formas de identificação que são pejorativas, tal como ocorre atualmente em algumas religiões evangélicas em sua associação dos orixás com demônios e espíritos malignos.

Em relação a Ogum, o sincretismo mais comum é com são Jorge, exceto na Bahia. A identificação se fundamenta no fato do santo católico ser um guerreiro romano. São Jorge é representado com armadura e lança em punho, montado em um cavalo. Com sua

OGUM

lança, ele fere de morte um dragão pisoteado por sua montaria. Sua fama de protetor dos guerreiros é tamanha que fez dele o patrono de países como Grécia e Inglaterra. No Brasil, são Jorge recebeu até patente militar do exército nacional. Devido a tudo isso, não há outro santo tão próximo de Ogum como são Jorge. Na Bahia, contudo, são Jorge é sincretizado com Oxóssi, cabendo a Ogum a identidade de santo Antônio, que na maior parte do Brasil é venerado como santo casamenteiro.

Acontece que, no século XVII, a Bahia sofreu uma invasão holandesa que foi logo rechaçada e seguida de várias tentativas frustradas. Os holandeses eram luteranos e significavam um duplo perigo, pondo em risco tanto a soberania da metrópole que controlava o território brasileiro, como o predomínio de sua religião católica. Conta-se que nessas oportunidades a Bahia teria sido protegida por santo Antônio a partir da entrada da barra da baía de Todos os Santos, onde até hoje se encontra sua igreja. O santo português, que viveu seus dias de pregação em Pádua, embora representado nos altares como figura humana pacífica e terna, que carrega nos braços o menino Jesus e flores de lírio brancas, foi, na verdade, um aguerrido pregador contra os inimigos do catolicismo, o guerreiro que teria defendido a Bahia da invasão protestante. Santo Antônio tornou-se assim Ogum para os seguidores dos orixás daquela região.

Nos locais onde Ogum é visto como são Jorge, o orixá é apresentado vestindo uma armadura que lhe protege o peito, levando na cabeça um elmo, na mão esquerda um escudo e na mão direita uma espada. Em festivais umbandistas dedicados a Ogum, o uniforme de guerreiro do santo-orixá pode ser completado com sandálias típicas romanas, com suas longas tiras trançadas na perna até a altura do joelho.

Com a tendência atual de abandono do sincretismo católico por parte de muitos terreiros de candomblé de todo o país, Ogum foi perdendo muitos dos elementos que o aproximavam do santo católico, mantendo, contudo, o uso de espada, lança, faca e outros apetrechos de guerra mais próximos das imagens africanas e de sua representação na Bahia.

· OGUM ·

SÍMBOLOS

Ogum tem como símbolo principal um conjunto de utensílios feitos de ferro presos a uma barra feita do mesmo metal. Constam nessa representação: lança, faca, facão, martelo, enxada, foice, ancinho, tesoura, tenaz e machado.

Ferramentas de Ogum (Ilustração de Pedro Rafael)

Seu assentamento, ou ibá-orixá, onde Ogum recebe oferendas, é feito em um alguidar de cerâmica contendo ferramentas como essas, ou simples peças de ferro que podem ser, por exemplo, um pedaço de trilho de trem, cravos ou pregos em múltiplos de 7, objetos cortantes e assim em diante. Símbolos complementares como búzios, moedas, seixos (otás), fios de contas, ferraduras, balas de revólver etc., podem ser incluídos no assentamento, devidamente coberto por mariô.

Assentamento de Ogum (Foto de Reginaldo Prandi)

OGUM

Os iniciados para Ogum usam vestimentas de cor azul-escura e, às vezes, vermelha ou verde. Quando se trata da qualidade Ogunjá, a cor preferencial é o branco. O filho usa colares de contas na cor azul-escura ou, dependendo da qualidade, verde. Quando em transe, os filhos de Ogum exibem uma espada e um feixe de mariô, que também pode estar preso no peito em diagonal. Podem levar na mão, também, uma folha de dracena (peregum), que é a folha específica de Ogum. Na cabeça, usam o acorô, uma coroa em formato de diadema, ou então um capacete próprio dos guerreiros.

Terça-feira é o dia da semana dedicado a Ogum, e sete é seu número. No oráculo, Ogum aparece no odu Odi, que é representado no jogo de búzios por sete búzios abertos e que reúne preferencialmente os mitos que falam de guerras, disputas, conquistas, derrotas e vitórias.

Quando Ogum se manifesta nos terreiros, é saudado com gritos de "Ogum iê", ou "Ogunhê", que pode ser traduzido por "Viva Ogum", ou "Ogum vive". Também se usa para aclamar o orixá guerreiro a expressão "Patacori Ogum", de significado mais controverso.

OFERENDAS

Na África, a carne preferida de Ogum é a de cachorro, substituída no Brasil, por razões culturais, pela carne de cabrito. Ogum também come galos e animais de caça. Entre os diversos ingredientes usados no preparo de seus pratos prediletos estão o feijão-preto, das famosas feijoadas de Ogum, o inhame, que pode ser cozido ou assado, miolo e miúdos de boi, azeite de dendê e pimenta ataré. O cajá é uma de suas frutas prediletas, além do obi, sempre presente e indispensável.

No preparo das oferendas, os principais temperos utilizados são o azeite de dendê, o sal, uma pequena quantidade de mel e vinho de palma, substituído no Brasil por cachaça ou gim. De modo geral, a bebida alcoólica é servida num recipiente colocado ao lado do assentamento. Não se deve oferecer a Ogum pato, rã nem azeite doce.

Uma quartinha contendo água é mantida sempre cheia ao lado do ibá. Potes e outros recipientes para líquidos, quando vazios, colocados junto ao

· OGUM ·

---

assentamento de Ogum, representam uma afronta ao orixá e esse é um de seus maiores tabus (euós). Em dias de preparo das ofrendas, também não se deve assobiar no terreiro nem amolar facas e outros objetos cortantes.

Assentamento de Ogum (Foto de Reginaldo Prandi)

4 | RITUAIS

Os rituais dedicados a Ogum na África variavam de cidade a cidade, envolvendo praticamente toda a aldeia, incluindo a participação de dignitários que ostentam uma grande variedade de cargos religiosos. Nas sociedades que precederam o que chamamos de modernidade ocidental, surgida na Europa com o fim da Idade Média, não havia separação entre as diferentes esferas da cultura, como a religião, a educação, o lazer, as práticas econômicas etc. Era tudo uma coisa só, de modo que um festejo de um orixá, como no caso presente, envolvia todas as demais atividades e pessoas da comunidade.

As relações de dominação, o intercâmbio comercial e o protocolo derivados de relações de parentesco existentes entre cidades faziam com que pessoas comuns e autoridades de fora também viessem prestigiar uma festa dada por uma das aldeias. Os anfitriões deviam prover a todos comida e diversão, que se constituía basicamente de música e dança, sobretudo nas festas em que os deuses, manifestados no transe ritual, apresentavam-se para compartilhar com os viventes esses momentos de júbilo.

Comida e dança sempre foram os elementos básicos do culto aos orixás, seja na África, seja na América. Antes dos humanos, é necessário alimentar os orixás, e Exu deve comer primeiro, pois sem ele não há movimento, nada se transmite, nada muda, nada acontece. Quando se oferece uma comida a um orixá, é Exu quem leva a oferenda e traz de volta a dádiva oferecida pelo orixá a seu devoto em retribuição ao alimento ofertado. Para cumprir essa missão, Exu

· OGUM ·

não pode estar com fome, sem forças, então deve comer primeiro.

Na cidade de Irê, era costume se preparar uma grande oferenda a Ogum por ocasião de seus festejos. Pierre Verger (1999, p. 156) nos oferece uma lista com os componentes dessa oferenda: 200 cachorros, animal que era comestível na África e deixou de sê-lo no Brasil, onde é criado como animal de estimação; 200 recipientes de vinho de palma; 200 frangos; sete cordeiros; um boi; 200 caracóis; uma porção de azeite de dendê; uma quantidade de sal; 200 acarajés; 200 preás; 200 peixes; 200 obis vermelhos; 200 obis brancos; 200 pimentas-da-costa e grande quantidade de manteiga de carité.

Ao que parece, tratava-se de sacrifício para alimentar Ogum e seus festeiros todos. Listas colhidas em outras cidades são mais modestas, mas são indicadores importantes das preferências do orixá do ferro. Em Oió, os principais sacrifícios se compõem de feijão cozido, ecuru, cerveja de milho, inhames e um cachorro; em Ifé, inhame assado, pombo, cachorro, vinho de palma, azeite de dendê, efó, que é um prato preparado com legumes e verduras, e obi; em Queto, bode, galo, cachorro, vinho de palma, azeite de dendê, obi vermelho e milho torrado.

Nos cultos aos orixás, aos sacrifícios se juntam as proibições, os euós. O interdito mais comum imposto pelo culto de Ogum na África é a proibição de assobiar próximo a seus altares, sobretudo quando oferendas estão sendo preparadas ou quando Ogum está comendo. Assobiar enquanto se maneja a faca em qualquer cerimonial para esse ou aquele orixá também pode desagradar a Ogum. A faca pertence a ele e só pode ser usada com sua permissão. O agravo do assobio com a faca na mão mostra que Ogum foi esquecido, pelo menos momentaneamente, e um acidente desagradável, senão dolorido, pode acontecer.

Ainda, junto a seus altares, seus assentamentos, que são sua representação material, Ogum não tolera que se mantenham vasilhames destinados a bebidas que estejam vazios, talvez porque isso provoque lembranças terríveis. Filhos de orixá não devem também comer certos alimentos proibidos ao pai espiritual.

Ogum é muito cioso de sua posição e importância. Ele é o primeiro, o que vem na frente e abre os caminhos. Apenas Exu o precede, porque Exu precede a tudo e a todos. Várias das conquistas da humanidade são devidas a Ogum, como vimos: a caça, a agricultura, a indústria, a tecnologia; por isso é de se esperar que Ogum seja sempre cumprimentado pelos demais, o que, muitas vezes, foi motivo de desavenças irreconciliáveis entre ele e outros orixás.

Nanã, por exemplo, pelo fato de ser muito mais velha que Ogum, espera que ele se curve diante dela em reverência à sua incontestável senioridade. Mas Ogum se recusa e ainda a ofende quando ela reclama da desconsideração do jovem ferreiro. Diante de Nanã, Ogum brande com orgulho o obé, a faca. Por essa razão, Nanã proíbe que facas e outros objetos de ferro sejam usados em qualquer um de seus rituais. Nos sacrifícios dedicados a Nanã, os animais são abatidos e preparados com uma faca de bambu ou outro material não metálico.

No Brasil, as cerimônias públicas de culto aos orixás ainda são realizadas geralmente em espaços fechados, o que se explica em grande parte pelas origens do candomblé, que até bem pouco tempo procurava escapar dos olhares dos curiosos e dos cassetetes da polícia. Na África, mesmo nos dias de hoje, tais cerimônias têm lugar na praça pública ou em outros ambientes ao ar livre.

Lembremo-nos sobretudo que no Brasil a praça não é do povo, ao contrário dos versos odara do grande compositor baiano. Em matéria religiosa, a praça tem sido, durante séculos, dos católicos, controlada por governos municipais em geral pouco amistosos para com as religiões afro-brasileiras, sobrando a essas promover suas festas em locais distantes da aglomeração urbana, como antigamente, ou em lugar fechado, o chamado barracão do terreiro. Evidentemente, os termos barracão (que hoje pode até dispor de luxo e ar-condicionado) e terreiro (terreno ou quintal comum às antigas residências) são referências arcaicas que a religião consagrou.

Já na África, a praça é o espaço em que tudo acontece. É também nela que, atualmente, em muitos casos, religiões pouco afeitas às religiões dos orixás vêm promovendo novos formatos de sincretismo e dupla filiação religiosa. Não é de se estranhar que um iorubá dos dias de hoje possa se identificar como muçulmano, condição necessária para ter acesso a postos de trabalho e aos serviços sociais locais, como a escola para os filhos, ao mesmo tempo em que continua a louvar os orixás.

Igualmente comuns na África eram os templos dedicados a um ou mais orixás existentes em praças, às margens dos rios e ao longo de estradas e caminhos. Pierre Fatumbi Verger (1997, p. 89) relaciona vários templos dedicados a Ogum, nos anos 1950, erguidos na região entre a cidade de Queto e o sul do antigo Daomé. Eram os seguintes:

- **Ogum Iguiri**, em Adja Were;
- **Ogum Edeyi**, em Ilodo;

- **Ogum Ondó**, em Pobé, em Igbo-Isso e em Irokonyi;
- **Ogum Igboigbo**, em Ixedé;
- **Ogum Elenjó**, em Ibanion e em Modogan;
- **Ogum Agbo**, em Ixabo;
- **Ogum Olopé**, em Ixedé Ije;
- **Ogum Abesan**, em Ibanigbé Fuditi.

Em cada templo, Ogum recebe um segundo nome que indica o local da construção ou alguma outra característica ou relação do orixá, constituindo-se o que chamamos de qualidades. A incorporação do local ao nome da divindade ou do santo sempre foi comum nas religiões antigas, assim como nas clássicas e nas modernas. Basta lembrar os nomes de Nossa Senhora Aparecida, de Guadalupe, de Lourdes, de Fátima, ou Jesus de Matosinhos, de Praga, da Lapa, e assim por diante, como já foi discutido anteriormente.

Em seu precioso livro *Orixás: deuses iorubás na África e no Novo Mundo*, obra que inscreveu definitivamente o candomblé na relação das grandes

· OGUM ·

religiões do mundo, Pierre Fatumbi Verger (1997, p. 89-94) descreve também um dos festivais dedicados a Ogum, mais precisamente em um dos templos de Ogum Ondó. O ritual presenciado por Verger foi realizado em uma grande praça com aproximadamente cem metros de comprimento por trinta de largura, rodeada de árvores remanescentes de uma antiga floresta, que formavam uma espécie de cerca separando o recinto do festival do resto da cidade. Num dos lados da praça se localizava o templo de Ogum Ondó, além de outro templo menor, dedicado a um orixá feminino, de nome Aré, e um terceiro templo, circular, consagrado a Exu Elegbara. Alguns troncos de árvore deitados em diferentes pontos da praça serviam de assento a diversos participantes do ritual.

Nessa cidade, o culto de Ogum conta com diferentes sacerdotes: o alaxé, que não entra em transe e é responsável pelos cuidados do orixá; o saba, que é uma espécie de ajudante do alaxé, mas que entra em transe de Ogum; dois sacerdotes designados oqueré, que também manifestam o orixá; o isa, que cuida da entidade feminina do local, que se manifesta em seu corpo durante o festival; o olupanã, um sacerdote de Exu que o recebe em transe, sendo muitas vezes acompanhado por um ou mais olupanãs originários de templos de Ogum de cidades vizinhas. Além desses, havia cerca de vinte dignitários portadores de títulos religiosos, os oloiês, que assistem às cerimônias participando delas em alguns momentos. Esse grupo inclui os soldados de Ogum, armados com bastões e grandes facões. Duas mulheres participam ativamente tocando instrumentos de ferro nos momentos mais solenes. Outras duas, portadoras do título de iaôs, limitam-se a cantar para o orixá. A orquestra é composta de três atabaques de diferentes tamanhos e um agogô.

Os participantes do ritual chegam logo pela manhã. Os sacerdotes alaxé, saba, oqueré, isa e olupanã usam um pano amarrado no ombro direito e um gorro de palha pontudo na cabeça, enfeitado com penas de galo e com uma pena da cauda do papagaio-da-costa. Levam pulseiras de conta de vidro de várias cores e ferramentas rituais que depositam no lugar apropriado da praça. Numa das mãos levam um grande facão, na outra um instrumento musical metálico de dois cones, chamado aajá, semelhante ao agogô. O olupanã carrega um bastão de forma fálica, o ogó.

Depois que todos se instalam em seus respectivos assentos, as iaôs de Ogum trazem oferendas de alimentos para as divindades que estão sendo homenageadas. As oferendas, preparadas com feijão, inhame e azeite de dendê, são colocadas em grandes gamelas e depois levadas aos templos da praça. Em um ritual de redistribuição, parte dessa comida, trazida em grande quantidade, sai de um templo e é levada a outros, havendo também distribuição para os oloiês. Os orixás são, em seguida, consultados por meio do jogo de obi para se saber se estão satisfeitos. Todos são servidos.

Depois de um período de descanso, os atabaques entram em ação e cada um dos instrumentos estabelece com os demais uma espécie de diálogo, com respostas e contrarrespostas. O ritmo é acelerado,

· OGUM ·

criando uma atmosfera de tensão. O ritmo sôfrego dos instrumentos é intercalado com momentos de silêncio, que provocam ou que acentuam o clima de expectativa e inquietação. Finalmente, os olupanãs dão um grito estridente, tendo suas feições completamente transformadas. De posse de seus agogôs e ogós, tocam três vezes o chão e se levantam em um salto. Outros sacerdotes repetem seus gritos. Os atabaques repetem as sequências de ritmo forte e silêncio, provocando novos momentos de tensão progressiva. Em seus corpos, manifestam-se Exu, Ogum e Aré, a divindade feminina da cidade. Igualmente dão seus gritos e se levantam com um impulso.

Eles vão até o templo de Ogum e depois, já com feições descontraídas, andam pela praça com passos irregulares e com seus corpos estremecendo, para frente e para trás. Formam uma fila, tendo à frente o olupanã. Dirigem-se a diferentes pontos da praça saudando os quatro cantos do mundo. Cumprimentam o alaxé sentado junto ao templo de Ogum. Os sacerdotes em transe batem seus instrumentos de ferro entre si e saúdam os diversos dignitários, os tocadores, as cantoras e outras autoridades, enquanto o ritmo se intensifica. Começam então a dançar ao compasso da música, dirigindo-se de um templo a outro. Voltam ao ponto de partida e ali dançam durante um bom tempo. Depois de um certo tempo, cessa a música e os dançantes param sua dança e caminham lado a lado com passos desajeitados. Alternam sorrisos e carrancas, cantarolam, dizem frases proféticas e fazem muitas caretas, arregalando os olhos. Por fim, após desejarem bons votos aos presentes, dirigem-se aos seus assentos onde permanecem de cabeça baixa até o instante em que têm seus corpos agitados por tremores, voltando a si pouco a pouco e reassumindo os comportamentos e feições habituais.

O culto é uma cerimônia para o orixá, mas igualmente uma reafirmação da autoridade de mando local, com a presença dos dignitários locais e representantes de outras comunidades. Os cargos sacerdotais são bem definidos e a hierarquia religiosa segue padrões que estruturam a religião e a sociedade.

Transe, comida, música e dança definem o conjunto da celebração, em que cada orixá tem suas vestes, colares, utensílios, ferramentas – neste caso com a presença absolutamente imperativa do facão de ferro, obra e símbolo de Ogum –, além dos passos e coreografias explicitamente definidos. Em outros locais, tanto na Nigéria como no Benim, cerimônias como essa, dedicadas a Ogum, apresentavam, e em muitos casos ainda apresentam, suas particularidades, servindo, inclusive, como elemento de definição da identidade cultural e social do lugar.

Tudo isso se manteve no Brasil, num outro espaço e segundo ritos e hierarquias redefinidos em função da presença de diferentes grupos reunidos em solo brasileiro para a reconstituição das antigas tradições africanas. Em essência, pouco foi mudado.

Aqui, Ogum é homenageado numa festa oferecida somente a ele ou num festival dedicado aos orixás caçadores, que incluem Ogum, Oxóssi e Erinlé. Tanto num caso como no outro, orixás que pertencem mitologicamente à sua família ou com quem esta-

· OGUM ·

belece relações explicadas pela mitologia ou pela própria história do terreiro e sua família de santo podem estar presentes, participando conjuntamente da coreografia que expressa tais ligações. Em geral, no Brasil, os orixás apresentam-se em danças solos, denominadas rum, ou em companhia de outros orixás em uma representação de um mito que os junte.

Em razão do sincretismo, a umbanda costuma realizar as festas de Ogum no dia de são Jorge, ou seja, 23 de abril, geralmente em ginásios de esporte onde muitos terreiros podem se reunir para uma celebração conjunta. No candomblé não há uma data específica, dependendo a festa do calendário da casa.

· OGUM ·

Ogum paramentado (Foto de Reginaldo Prandi)

5 | Cantos sagrados de Ogum

Até o Concílio Vaticano II, concluído em 1965, as missas católicas, no Brasil e no resto do mundo, eram rezadas e cantadas em latim, língua que apenas os sacerdotes que oficiavam os ritos entendiam. A não compreensão por parte dos fiéis católicos, porém, em nada atrapalhava o sentido religioso da celebração. Algo semelhante ocorreu nas religiões afro-brasileiras, nas quais os fiéis também deixaram progressivamente de entender o que era pronunciado nos cultos, o que

· OGUM ·

não prejudicava o ritual, constituído pela repetição e não pela compreensão linguística. Assim, as línguas originais africanas são mantidas até hoje, a despeito do fato de que seu significado esteja longe de ser entendido palavra por palavra.

Os versos que compõem os cânticos sagrados foram passados oralmente de geração a geração e aos poucos sua gramática, bem como sua prosódia, que inclui o acento e a entoação das palavras e frases, se perderam, assim como se perdeu o significado de grande parte dos vocábulos. Com exceção da umbanda, que é celebrada em português, as religiões dos orixás, voduns e inquices no Brasil veneram seus deuses cantando para eles em línguas derivadas de idiomas africanos arcaicos, mas o sentido literal dos versos cantados tem importância secundária.

As línguas africanas originais são tão diversas como as chamadas nações de candomblé, sobressaindo-se o iorubá ou nagô, o fon ou jeje, o quimbundo e o quicongo – estas duas do grupo banto, e as duas primeiras do tronco sudanês. Além disso, na formação dessas religiões, contribuíram dialetos de diferentes cidades, mesmo em se tratando de uma língua predominante única.

Fiquemos restritos à língua iorubá, que é a língua principal dos cultos aos orixás. As religiões dos orixás, ou seja, o candomblé nagô, o xangô, o batuque de nação e o tambor de mina nagô cantam numa língua derivada do iorubá antigo, que não é exatamente igual ao iorubá falado hoje na África, nem ao que está registrado em gramáticas e dicionários produzidos recentemente. Mesmo que a língua ritual tivesse preservado suas características originais, conforme era falada pelos africanos escravos e libertos nos primeiros tempos do candomblé, ainda no século XIX, seria difícil para um falante de iorubá dos dias de hoje entender o que se canta nos terreiros brasileiros. É verdade que muitas palavras e expressões têm seu significado conhecido, mas não sabemos como pronunciá-las do modo como um falante do iorubá faz. O iorubá é uma língua tonal e nós, falantes do português, não distinguimos os tons altos, médios e baixos de uma palavra, conforme exigência desse tipo de língua. Um mesmo conjunto de letras pode ser pronunciado de diferentes maneiras e cada uma delas terá um significado.

Vamos tomar como exemplo o termo Ogum, que no Brasil é pronunciado como uma única palavra. O nome do orixá Ogum é frequentemente confundido com o nome do rio africano Ogum, que pertence a Iemanjá. Ogum, em iorubá significa muitas coisas diferentes, variando em grafia e em significado. Lembremos que o iorubá moderno usa o acento agudo (´) para indicar tom alto da sílaba, a que é pronunciada acima da de tom médio (que não leva acento), e o acento grave (`) para indicar sílaba de tom baixo, pronunciada abaixo da sílaba de tom médio. A língua falada tem um cântico que poderia ser registrado numa pauta musical de três linhas. Vejamos os diferentes vocábulos iorubás para Ogum:

- *Ògún*: nome do orixá Ogum, deus do ferro;
- *Ogun*: guerra;
- *Ògùn*: nome do rio Ogum, elemento de Iemanjá;

- *Ògùn*: fim, final, limite;
- *Ogún*: número vinte;
- *Oógun*: remédio;
- *Òógún*: suor, transpiração.

Outro problema é que, uma vez que o iorubá deixou de ser língua de comunicação, as palavras foram se corrompendo em sua pronúncia, de modo que apenas a sua repetição quando cantada não pôde garantir sua reprodução fidedigna ao longo das décadas. Por exemplo, ao nos depararmos com o termo ajá, pode-se estar falando de um cachorro (ajá) ou do teto (àjà). Se for numa cantiga de Ogunjá, deve ser cachorro, porque se trata da qualidade de Ogum que recebe oferenda de cachorro. Mas em outro contexto, como ter certeza?

Como saber, então, o significado daquilo que se canta? O significado exato nunca saberemos, mas é possível ter uma ideia bem aproximada na medida em que os cânticos sagrados se referem a mitos dos orixás, oriquis e invocações. Além disso, a música é cantada para ser dançada conforme uma coreografia também repetida de geração a geração, com passos e gestos característicos dos orixás. Quando o contexto é bem conhecido, uma ou outra palavra pode ser reconhecida, e por se saber para quem se canta, o sentido da cantiga pode ser imaginado, às vezes com grande acerto. Recompor cada verso, contudo, como ele seria expresso (falado e escrito) por um falante natural do iorubá de hoje, é tarefa quase impossível.

Se é difícil distinguir entre guerra, o nome de Ogum, o rio Ogum, a palavra fim, o número vinte, remédio e suor, é certo que tudo se complica ainda mais quando há milhares de palavras em jogo. Mais ainda, as vogais abertas e fechadas também geram, como em português, sentidos diferentes. Graficamente a vogal "a" e a vogal "o", quando abertas, recebem um ponto subscrito quando grafadas, mas a evolução da língua ritual abriu vogais fechadas e fechou vogais abertas. Outra dificuldade é que as palavras são juntadas conforme o ritmo tonal da frase.

· OGUM ·

Por tudo isso, as cantigas sagradas de Ogum, o orixá, que serão apresentadas a seguir, são acompanhadas de uma proposta de significados que levam em conta palavras conhecidas por seu uso recorrente no linguajar dos terreiros, pelo contexto ritual e mitológico e pela tradição corrente que preservou alguns desses sentidos. Muitas vezes, a tradução pode parecer simples e possível, já que tendemos a "sentir" a palavra do jeito como ela mais se afina com o que esperamos da frase, mas isso pode ser uma armadilha. É preciso ir com calma.

Os cânticos sagrados de Ogum, cantados e dançados nos candomblés de nação nagô ou iorubá falam de suas lutas, guerras, disputas, falam de sangue, de matança e também de seu hábito de se vestir de mariô, a folha nova do dendezeiro desfiada, prova inconteste de sua humildade e arrependimento por erros cometidos. Também falam de suas ocupações e artes: o coletor, o caçador, o agricultor e, especialmente, seu ofício de ferreiro. Cada cantiga tem seu ritmo próprio, conduzido pelos três atabaques de diferentes tamanhos, além do agogô e, em alguns terreiros, do xequerê, o chocalho de contas.

Em quase toda cerimônia, qualquer que seja o orixá homenageado, é costume cantar e dançar para todos os orixás numa primeira parte da cerimônia, chamada xirê (diversão). Depois de uma cerimônia preliminar a Exu, o primeiro orixá do xirê é Ogum, uma vez que é ele quem abre os caminhos. Então, em geral, se canta e dança:

Auá xirê Ogum ô
Eru jô jô
Auá xirê Ogum ô
Eru jô jô
Eru jé jé.

[Ritmo: batá lento]

Significado dos versos, o que não significa tradução:
Estamos brincando, nos divertindo com Ogum,
Mas temos muito medo
E brincamos com respeito, com tranquilidade.

· OGUM ·

Grande parte dos cânticos de Ogum o apresentam como rei de Irê, Senhor do Acorô, Senhor da casa (terreiro) e falam de suas características ligadas ao número 7:

Ogunjá mojubá

Igbá orixá

Igbá Onilê

[Ritmo: bravum]

Ogunjá eu o saúdo

Saúdo o orixá

Salve o Senhor desta casa. (terreiro)

A Ogun Meje Irê

Aladá meji meji

[Ritmo: batá rápido]

Nós temos sete Oguns

Ogum tem duas facas

Ogum Onirê

Onirê Ogum

Akorô Onirê

· OGUM ·

Obá dé Orum
[Ritmo: aguerê]
Ogum Senhor de Irê
O Senhor de Irê é Ogum
O Senhor de Irê que usa o acorô
O Rei que vem do Orum.

Se o acorô, a faca ou facão (obé) e a espada (idá) são símbolos fundamentais de Ogum, não ocupa lugar de importância menor em sua mitologia o mariô, a folha nova desfiada do dendezeiro:
É mariô laxó é mariô
É mariô laxó é mariô
[Ritmo: batá rápido]
Ele tem o mariô como sua roupa
Ele se veste de mariô.

Os orixás dançam cantigas que contam suas aventuras, muitas vezes mostrando pelos passos e gestos as aventuras que eles representam no barracão diante de seus devotos:

· OGUM ·

Alacorô aleim
Alacorô aleim
Aê aê aê, alacorô eleim ô
[Ritmo: batá rápido]
O Dono do acorô conta suas aventuras
Ele gosta de contar o que viveu

A história mitológica de Ogum começa no mato, na floresta, onde o ferreiro começa seu trabalho como um coletor, certamente a primeira ocupação da humanidade em sua trajetória de trabalho pela sobrevivência. Não lhe faltava nessa atividade a companhia do jovem irmão Oxóssi.

Ogum nitá eue e rê
Ogum nitá eue e rê
Bá Oxóssi locori lodê
Ogum nitá euê e rê
[Ritmo: batá lento]
Ogum tem as folhas que ele colhe
Ogum colhe as folhas que ele troca
Junto com Oxóssi, lá onde as plantas crescem
Ogum tem folhas que ele colhe.

· OGUM ·

Depois da fase da coleta e da caça, surge a prática da agricultura, que também não é esquecida no cancioneiro de Ogum. Ele semeia, colhe, e produz o inhame, tão essencial para a alimentação de seu povo:

Cata-cata obim meje
Ogum meje onan jé bé
[Ritmo: batá rápido]
Aqui e ali ele plantou sete sementes
Ogum plantou em todos os caminhos.

Ogum xê corê ca ni oxuqui odê
Ogum iam nkan lonã
[Ritmo: vamunha]
Ogum faz a colheita e vê o que plantou
Ogum leva seus inhames colhidos pelo caminho.

A arte do ferreiro, última ocupação de Ogum antes de se enfrentar com a modernidade, divide importância com a guerra. É da forja que saem seus diferentes instrumentos de trabalho e de guerra e, sobretudo, as ferramentas que o simbolizam. Ogum

· OGUM ·

é, antes de mais nada, o ferro forjado, a mão civilizada do ser humano.

Ogum ni alagbedé, mariô ê mariô

Alagbedé ni Ogum , Ogum ni alagbedé

[Ritmo: aguerê]

Ogum é o ferreiro, o senhor da forja que se veste de mariô

O ferreiro é Ogum, Ogum é o ferreiro.

Mas Ogum é sobretudo guerreiro, soldado implacável quando está diante do inimigo no campo de guerra.

Ogum pá lelê pá

Ogum pá ojarê

Ogum pá lelê pá

Ogum pá ojarê

[Ritmo: Batá rápido]

Ogum mata, vai atrás

Ogum se apraz com a guerra.

Ogum ba agada auê

Ogum ba adgadá

OGUM

Ogum ba agada auê
Ogum ba adadá
[Ritmo: Batá rápido]
Com sua espada Ogum abate seus inimigos
Com um golpe de espada ele derruba o inimigo.

De todo modo, Ogum é o senhor dos caminhos, das novas oportunidades, aquele que é capaz de abrir novas trilhas para o caminhar de seus devotos e conduzir seus seguidores nos momentos difíceis:

Que quiqui Alacorô
Que quiqui Alacoro
Oluaiê itanan
[Ritmo: Batá rápido]
Grite chamando por Alacorô
Ele aprecia ser chamado
O Senhor do Mundo abre os caminhos.

Mabé Ogum ará aiê
Mabé Ogum xorodô
Mabé mabé Ogum xorô

· OGUM ·

[Ritmo: Batá rápido]
Ogum é o que nos conduz, nos leva
Sem ele seria difícil.

Além de guia seguro, o orixá ferreiro protege o lugar de seus fiéis:
Irê mi cojó
Irê mi kojó nitê Ogum
[Ritmo: Batá rápido]
Senhor de Irê que habita as estradas de terra
Traga a proteção à nossa casa.

Ogum dê arerê, Ilê Irê Ogunjá
Cojô ma dê a rerê
Ogum dê Ogunjá ô
[Ritmo: Aguerê]
Ogum venha, Ogunjá venha para sua casa de Irê
Coroado nas lutas, venha nos proteger, Ogunjá.

Dê awá delodê coro rum belé
Ô corolô d'Ogum coro rum belé

[Ritmo: Batá rápido]
O senhor das batalhas veio até nós
Ele luta e protege nossa casa.

Ogum recebe muitas oferendas, mas o cachorro simboliza todas elas, a ponto de uma de suas qualidades se chamar Ogunjá, Ogum que come cachorro. Mas essa é uma prática em desuso. No Brasil não comemos cachorros nem outros alimentos que outros povos comem. A função do sacrifício é oferecer partes do animal ao orixá, como a cabeça, o sangue, órgãos internos, patas e costelas, enquanto a boa e farta carne é preparada para alimentar a comunidade dos humanos. A dieta ritual de Ogum foi, assim, adaptada aos costumes locais, o que aconteceu também com outros orixás. O cachorro pode até estar presente nos ritos a Ogum, mas sairá de lá com vida. Até porque matar cães e gatos é crime em algumas unidades da federação brasileira, assim como é crime federal matar tartaruga, uma espécie em risco de extinção que tanto agradava ao paladar de Xangô. Felizmente,

· OGUM ·

o cachorro participante do rito não entende o que diz a cantiga seguinte:

Apajá l'onã Ogum

Apajá Ogum maxá qui berujá

[Ritmo: Batá rápido]

Sacrificamos cachorros para Ogum em seu caminho

Ele os recebe, ele luta, ele não teme.

Irê, a cidade africana de Ogum, é sempre uma referência importante em seus cânticos, embora muitos mitos digam que ele mora nos caminhos do mundo. Ogum usa mariô para se cobrir, sangue para se banhar, e a rua para morar. Não é difícil entender que ele é o orixá das contradições: abandona profissões para acompanhar o progresso, luta até a dor pela conquista de novos amores, age ao contrário do que é o esperado, conquista cidades e povos mas rejeita ser seu rei. Por mais que se mostre selvagem, implacável e inimigo impiedoso, sempre acaba envolvido num caso de amor que expõe suas fraquezas e sua condição humana. Quando tudo parece difícil, lá está

Irê, sua origem e seu destino, sua casa, seu abrigo e seu consolo.

Ogum Alacorô
Irê sa jô, Irê souê
Reuá reuá reuá
Onirê
Irê sa jô, Irê souê
[Ritmo: Bravum]
Ogum senhor da pequena coroa
Irê o chama, Irê é seu lugar
Caminha, caminha, caminha
Senhor de Irê
Irê o chama, Irê é o seu chão.

Esse pequeno conjunto de cânticos (orim) apresentados aqui mostra bem como Ogum é visto pelos seus devotos. No terreiro em dia de festa, o número de cantigas pode chegar a duas ou três dezenas, variando-se os ritmos e as danças numa representação quase completa de toda a sua mitologia. O estilo dos cânticos segue o padrão do responsório, em que o

· OGUM ·

sacerdote ou sacerdotisa responsável pelos cânticos canta os versos e os demais celebrantes os repetem, várias vezes. Em algumas cantigas, o cantor ou cantora canta o primeiro verso e os demais cantam o segundo. Dependendo do que se canta, o orixá faz uso, em sua coreografia, de seus diferentes instrumentos, como o facão ou o feixe de mariô. Faz parte, portanto, do aprendizado religioso, não só conhecer as mitologias e os preceitos, mas também saber de cor cada uma das cantigas e entender o significado de cada gesto e cada passo dos orixás e seus acólitos.

6 | Os filhos de Ogum

Os seguidores das religiões dos orixás acreditam que cada ser humano descende de um orixá específico, de modo que nem todo mundo tem a mesma origem, como se acredita, por exemplo, no cristianismo. Os seres humanos são diversos entre si porque o orixá de que descende cada um tem suas características próprias, o que inclui aspectos físicos e de personalidade.

Na conformação de uma pessoa, seu orixá principal, isto é, o orixá de que descende espiritualmente, é o que mais influi. Essa influência, porém, é mediada por uma série de fatores, dentre eles a qualidade do orixá principal, o orixá secundário e a bagagem espiritual das vidas passadas. Por fim, em cada nova vida, o ser humano, ao nascer, ganha um destino que é só seu, não é herdado nem da natureza, nem da sociedade: o ori.

Na África tradicional, o orixá principal era herdado sempre do pai em linha direta. Já o segundo orixá era uma herança espiritual da mãe. Na América, onde a escravidão destruiu as linhagens familiares africanas, tanto o orixá principal como o secundário são atribuídos por meio do jogo de búzios.

Essas características herdadas dos orixás são uma referência à natureza, enquanto que as características derivadas das experiências nas vidas passadas são uma referência à vida no meio social, eternizadas na figura do egum, ou seja, a parte espiritual da pessoa que sobrevive à morte e reencarna para uma nova vida. A combinação dos orixás, das experiências passadas e da particularidade do ori conformam o que a pessoa é. Por isso, nem todos os filhos de Ogum são

OGUM

necessariamente iguais, apesar de compartilharem um arquétipo comum, herdado do orixá principal, base de seu comportamento.

No Brasil, os filhos de Ogum são sempre vistos como guerreiros, antes de mais nada. Suas características são o destemor, a agressividade, a vontade da conquista, a força. A violência é o campo que dá conformidade às ações de um filho de Ogum. Tanto quando ele age como ser violento, como quando combate a violência. Policiais, militares e outras profissões envolvidas com a questão da segurança fazem parte dessa irmandade.

Mas Ogum também é caçador, agricultor, ferreiro, operário metalúrgico, trabalhador manual, enfim. São, contudo, os atributos de comportamento e atitude, tal como descritos na mitologia dos orixás, que melhor definem um filho ou filha de Ogum.

O candomblé ensina que quem descende de Ogum é bravo, autoritário, destemido, desconfiado, pouco afeito ao trabalho intelectual, amante da ordem e da organização. É rápido, enérgico, audacioso, arrojado, viril. De gênio difícil, um filho de Ogum tem sempre a última palavra, e não acredita que deva dar ouvido aos membros de sua família, que ele, contudo, sustenta e protege. Detesta se mostrar apaixonado e esconde seu amor atrás de uma sexualidade propagandeada.

Filho de Ogum, apesar do aspecto agressivo e belicoso, é bom amigo, talvez o melhor que se possa ter, desde que não se avance em seus espaços e não se intrometa em seus afetos. Mais recentemente, o talento para a engenharia, para os ofícios tecnológicos e outras aptidões afins foram se juntando às virtudes e defeitos dos filhos do sanguinário guerreiro, que tem água em casa, mas prefere tomar banho de sangue.

7 | Nomes dos filhos de Ogum e seus significados

Durante a iniciação, muitos terreiros dão ao iniciado um novo nome pelo qual ele passa a ser chamado em sua comunidade de culto. O nome, orucó (*orúko*) em iorubá, liga o filho de santo a seu orixá e geralmente fala de algum atributo, ação passada ou futura do orixá em relação àquele filho ou filha. A seguir estão listados alguns dos nomes mais comuns dados aos filhos de Ogum na nação de candomblé queto, originária das tradições iorubás. Após o nome em grafia aportuguesada, está dada a grafia do nome em iorubá entre colchetes. Na grafia iorubá, as vogais, "e̲" e "o̲" grafadas com um ponto subscrito (nesta obra substituído pelo sublinhado) são abertas. Na ausência desse sinal, a vogal é fechada. A consoante "s̲" com o ponto subscrito soa como "x" na palavra orixá. O iorubá é uma língua tonal e sua grafia distingue os três diferentes tons das sílabas, alto, médio ou baixo, indicados graficamente por acento na vogal: grave (`) para tom baixo, agudo (´) para tom alto. Sílabas sem esses sinais são de tom médio. Entre parênteses, "m" significa nome masculino e "f", nome feminino. No Brasil, porém, essa distinção de gênero na atribuição do nome parece ter perdido importância.

- **Abedé** [Àgbède] (m). Ferreiro, um dos epítetos de Ogum.
- **Ajiboú** [Ajíbowú] (m). Nascido na oficina de Ogum.
- **Akintundê** [Akíntúndé] (m). O guerreiro (Ogum) renascido.
- **Ogumbá** [Ògúnbà] (m/f). Ogum vive.

- **Ogumbaiodê** [Ògunbáyòdé] (m). Ogum chegou com alegria.
- **Ogumbamuô** [Ògunbámwo] (m/f). Protegido ou protegida por Ogum.
- **Ogumbanké** [Ògunbánké] (f). Ogum cuida dela.
- **Ogumbakin** [Ògunbákin] (m). Guerreiro gerado por Ogum.
- **Ogumbeni** [Ògúngbèmí] (m). Ogum é benéfico para mim.
- **Ogumbií** [Ògúnbíyìí] (m). Nascido de Ogum.
- **Ogumbilê** [Ògúngbilé] (m). Ogum é dono de nossa casa, todos são seus filhos.
- **Ogumbodedê** [Ògúnbódedé] (m). Ogum chegou para caçar.
- **Ogumbuí** [Ògúngbuyì] (m). Ogum dá prestígio.
- **Ogumbumi** [Ògúnbùnmi] (m/f). Ogum me deu como um presente.
- **Oguncaiodê** [Ògúnkáyòdé] (m). Ogum trouxe alegria.
- **Oguncoiá** [Ògúnkòyà] (m). Ogum tira a dor e o sofrimento.

· OGUM ·

- **Ogundadebé** [Ògúndádégbé] (m/f). Ogum mantém viva a coroa.
- **Ogundarê** [Ògúndáre] (m). Ogum me julgou corretamente.
- **Ogundecum** [Ògúndekún] (m). Ogum é tão temível como um leopardo.
- **Ogundelê** [Ògúndélé] (m). Ogum me trouxe para casa.
- **Ogundiiá** [Ògúndìyà] (m). Ogum substitui o que se perdeu.
- **Ogundiimu** [Ògúndìyímu] (m). Ogum impediu que esta criança morresse.
- **Ogundijó** [Ògúndijo] (m). Ogum reúne as pessoas.
- **Ogundipé** [Ògúndipè] (m). Ogum consola.
- **Ogundiram** [Ògúndiran] (m). Ogum é hereditariedade.
- **Ogundouolê** [Ògúndòwòle] (m). Ogum cuida de mim.
- **Ogunduilê** [Ògúndúyilé] (m). Ogum concede honra e prestígio.

- **Ogunfemi** [Ògúnfémi] (m). Ogum me ama.
- **Ogunfolacanmi** [Ògúnfolákànmi] (m). Ogum me dá riqueza.
- **Ogunfolu** [Ògúnfolú] (m). Ogum abre meus caminhos.
- **Ogunfunmilaiô** [Ògúnfúnmiláyò] (f). Ogum me dá a alegria do nascimento de um filho.
- **Ogungbê** [Ògúngbè] (m). Ogum é para mim.
- **Oguniaxé** [Ògúnyasé] (m/f). Ogum realiza.
- **Oguniemi** [Ògúnyemí] (m/f). Ogum é a minha medida.
- **Ogunjarê** [Ògúnjàre] (m/f). Ogum estava com a razão.
- **Ogunjobi** [Ògúnjobí] (m). Ogum nos criou.
- **Ogunladê** [Ògúnladé] (m). Ogum tem realeza.
- **Ogunleié** [Ògúnléye] (m). Ogum tem prestígio.
- **Ogunlessi** [Ògúnlèsi] (m). Ogum é nossa defesa.
- **Ogunleti** [Ògúnletí] (m). Ogum ouve, abençoa e atende os desejos.
- **Ogunmodedé** [Ògúnmódedé] (m). Ogum gera o caçador.

• **Ogunmolá** [Ògúnmóla] (m). Ogum é a própria riqueza.
• **Ogunmuiuá** [Ògúnmúyìiwá] (m). Ogum trouxe esta criança.
• **Ogunnií** [Ognnníyì] (m). Ogum é honorável.
• **Ogunoiê** [Ògúnoyè] (m). Ogum tem cargo, título.
• **Ogunkeié** [Ògúnkéye] (m). Ogum traz honra.
• **Ogunrindê** [Ògúnrindé] (m). Ogum voltou.
• **Ogunrinu** [Ògúnrínú] (m). Ogum pode ler a mente.
• **Ogunsaniá** [Ògúnànyà] (m). Ogum recompensa o sofrimento.
• **Oguntadê** [Ògúntádé] (m). Ogum tem o valor da coroa.
• **Oguntobi** [Ògúntóbi] (m). Ogum é poderoso.
• **Oguntocum** [Ògúntókun] (m). Ogum é tão poderoso como o oceano.
• **Oguntoimbó** [Ògúntóinbó] (m). Ogum é forte como o homem branco.
• **Oguntolu** [Ògúntólú] (m). Ogum é supremo.

- **Oguntossim** [Ògúntóósìn] (m/f). Ogum seja louvado.
- **Ogunuandê** [Ògúnwándé] (m). Ogum procurou e me encontrou.
- **Ogunxakim** [Ògúnsakin] (m). Ogum dá poder.
- **Ogunxeié** [Ògúnséye] (m). Ogum obtém a glória.
- **Ogunxiná** [Ògúnsiná] (m). Ogum abre as portas.
- **Ogunxolá** [Ògúnsolá] (m/f). Ogum põe nas alturas.

Na África, como no Brasil, muitas vezes o nome do filho de Ogum, como ocorre com outros orixás, é abreviado, ficando o nome do orixá subentendido. Assim, usa-se Bumi para se referir a Ogumbunmi; Delê para Ogundelê, Caiodê para Oguncaiodê etc. Também é costume brasileiro chamar o filho ou a filha de santo apenas pelo nome de seu orixá em vez de se usar o nome completo. Em certos terreiros, o orucó nunca é pronunciado em público, mantido em sigilo talvez como costume de uma época em que qualquer indício de iniciação à religião africana podia ser motivo de preconceito e perseguição policial (como é ainda hoje, por parte de certas religiões cristãs).

Vale lembrar que, além do nome atribuído ao iniciado, seu orixá pessoal, assentado na "feitura" (termo popularmente usado para se referir à iniciação ao orixá), ele também recebe um orucó, um nome pelo qual é invocado nas cerimônias que lhe são oferecidas. Esse nome é pronunciado em público em uma única oportunidade, no ritual denominado "saída do nome", ou saída do orucó, quando o iniciado é apresentado à comunidade de culto pela primeira vez. Frequentemente, o nome iniciático é agregado ao nome civil da pessoa como se se tratasse de um nome composto, como Armando Akintundê, Cipriano Abedé, Felizberto Oguntossi.

8 | O que Ogum pode fazer para seus devotos

Numa sociedade como a nossa, em que as garantias de uma vida estável definida desde a juventude ficaram para trás, obrigando cada um a se manter atento às novas oportunidades que se abrem no curso da mudança social, Ogum é o símbolo da necessidade de seguir de perto a modernização do mundo. O progresso, em tudo que ele tem de materialidade, capaz de promover a prosperidade, o bem-estar e a felicidade do ser humano, é domínio de Ogum, o eterno trabalhador, o senhor dos novos ofícios, o que detém a chave da tecnologia. Os problemas e dificuldades que essas mudanças implicam devem, pois, por ele ser resolvidos, sobretudo porque se trata aqui do orixá que é o senhor dos caminhos, o que conhece os atalhos do destino.

Não é demais lembrar que há uma espécie de divisão de trabalho entre os orixás. Uns cuidam da vida amorosa, outros da saúde, do trabalho, da família, da justiça e assim por diante. Os problemas das pessoas que procuram as mães e os pais de santo do candomblé sempre se enquadram em alguma dessas categorias. É através do jogo de búzios que se estabelece o contato com o orixá responsável pelo assunto em questão, para saber que oferendas devem ser feitas para que o problema seja resolvido.

Ogum é invocado exatamente quando se trata de abrir possibilidades relacionadas com o trabalho, a prosperidade, a riqueza material e disputas que envolvam agressão, violência e traição. Uma dúzia de inhames e uma tigela de feijoada podem garantir uma promoção no trabalho, afastar um chefe opressor ou propiciar um emprego mais condizente com o diploma obtido a duras penas. Quem lida no dia a dia, por dever de ofício, com o mundo da violência, o que inclui desde o general ao carcereiro, também precisa da proteção de Ogum.

Na vida cotidiana, porém, nem tudo se resume à busca de novos caminhos. Muitas paixões nos levam por vias obscuras e desejos inconfessos, que demandam a violência em sua resolução. A mão que afaga também mata. Às vezes, ao invés de construir pontes, é preciso demoli-las. Fechar caminhos, ao invés de abri-los. O orixá é como a natureza, é a natureza. Ela nos tem dado muito do que é benéfico, do que é útil, mas também muito do que é perigoso e destrutivo. O mesmo rio que dá o peixe para comer também inunda as casas e retira vidas.

Assim também é Ogum. É o ferro que faz a enxada e prepara a terra para nos alimentar, mas que também faz a espada que nos mata – ou que mata aquele atrapalha nossos caminhos. O dualismo entre o bem e o mal, tão caro à cosmovisão ocidental, é estranho às civilizações onde nasceram as religiões dos orixás.

9 | OGUM NA CULTURA POPULAR

Ogum está entre os mais populares orixás cultuados no Brasil. É comumente associado aos caminhos, que se abrem e se fecham, de acordo com sua vontade. Numa sociedade em que as oportunidades de emprego e educação e o acesso a serviços, bens e instituições são enormemente desiguais, recorrer a Ogum é uma forma corrente de buscar a superação das dificuldades sociais, sobretudo quando grande parte, talvez a maior parte, dos seguidores das religiões dos orixás seja constituída de negros e de pobres.

No enfrentamento desses problemas, é preciso ser forte, valente, determinado e lutador – virtudes essas que são atribuídas a Ogum. Extremamente violenta, a sociedade brasileira pode ser pensada também como um campo de luta permanente. Assim, a companhia de Ogum e sua proteção podem, ao menos, tornar mais segura a aventura do dia a dia.

Já no mundo das artes, Ogum é personagem de filmes, séries, romances, letras de música. Algumas obras são emblemáticas tanto da cultura popular brasileira quanto da cultura do candomblé.

No cinema, o clássico *O amuleto de Ogum*, dirigido por Nelson Pereira dos Santos, em 1974, conta uma história de violência e amor ao mesmo tempo. Maria, mulher alagoana que perdeu o marido e um dos filhos em uma chacina, recorre a um pai de santo para proteger seu filho sobrevivente, Gabriel. O menino tem o corpo fechado e, anos depois, morador de uma favela fluminense, acaba se envolvendo com o mundo do crime. Seu corpo fechado lhe traz vantagens na profissão de matador, mas tudo se complica quando ele inicia um relacionamento amoroso com a amante de outro bandido. Na luta entre eles, Ogum aparece como força capaz de levar à vitória, de um lado, e à derrota, de outro.

Na televisão é emblemático o especial exibido em 1994, depois disponível em filme, *O compadre de Ogum*, baseado no livro homônimo de Jorge Amado (2012), com adaptação de João Ubaldo Ribeiro e Geraldinho Carneiro, e direção de Roberto Talma. A história se passa em Salvador e envolve o batizado do filho de Massu, um ogã de um terreiro de candomblé, figura muito popular na região do Pelourinho. Para não desagradar aos muitos amigos e conhecidos que seriam candidatos naturais a padrinho do menino, o pai decide que o filho será batizado, numa igreja católica, pelo orixá Ogum. Mas a escolha de Ogum também provoca ciúme entre orixás e tudo se complica, num clima alegre e divertido no qual se enredam candomblé e catolicismo.

· OGUM ·

Na música popular Ogum também não foi esquecido. Em "Meu lugar", de Arlindo Cruz e Mauro Diniz, gravado em 2012 por Arlindo Cruz, Ogum, junto com Iansã, abre a letra do samba criado para enaltecer o bairro carioca de Madureira, local de muitos terreiros de candomblé e umbanda, onde o mercado municipal, o chamado Mercadão de Madureira, reúne um enorme conjunto de bancas especializadas em objetos e materiais usados nos rituais afro-brasileiros (Gravação de Arlindo Cruz, álbum "Batuques do meu lugar", gravadora Sony Music, 2012). Diz a letra:

O meu lugar
É caminho de Ogum e Iansã
Lá tem samba até de manhã
Uma ginga em cada andar

O meu lugar
É cercado de luta e suor
Esperança num mundo melhor
E cerveja pra comemorar
[...].

• OGUM •

A letra fala de "muitos seres de luz", das vizinhanças e "dos amores que eu tive por lá". Personagens famosos como Tia Eulália e Vó Maria se misturam às lembranças dos benzimentos nos terreiros e do "jongo à luz do luar".

Ai que lugar
Tem mil coisas pra gente dizer
O difícil é saber terminar
Madureira, lá laiá, Madureira, lá laiá, Madureira.

Nas décadas de 1920 a 1950, muitos discos foram gravados com músicas dedicadas a Ogum e também a outros orixás e encantados. Embora a maior parte delas seja de música de terreiro, de pontos cantados, desde os anos 1930, os orixás e muitos elementos típicos da cultura dos terreiros já se tornavam motivos de letras de músicas de caráter "profano", compostas para o consumo que não está ligado a rituais afro-brasileiros. Desde os primeiros tempos da indústria fonográfica, compositores hoje reconhecidos como os pais do samba, assim como intérpretes que estão nas raízes da música popular brasileira, dedicaram sua arte a Ogum.

Em 1930, Carmen Miranda gravou "Feitiço gorado", composição de Sinhô (José Barbosa da Silva), falando de amor e de feitiço, dois temas frequentemente associados nas letras de músicas que fazem referência às religiões dos orixás e encantados (disco 78 rpm, gravadora RCA Victor, 1930). É esta a história contada, uma história de amor de uma filha de Ogum:

Tu amarraste num santo

Com minha roupa suada

Jogaste n'água atrasada

Em vez de na encruzilhada

Foste infeliz

Em dormires demais

Tudo eu bem vi

Fina flor de meus ais

Foi a sonhar

Que me deste a saber

Que teu prazer

· OGUM ·

Era ver-me a sofrer
[...]

Mas eu que sou de Ogum
A filha do coração
Já despachei com Exu
Esta maldita paixão.

De autoria de Pernambuco e Mário Rossi, "Salve Ogum" foi gravada em 1948 por Dircinha Batista (disco 78 rpm, gravadora Odeon, 1948). Mais um caso de amor infeliz, mais um pedido de proteção:

Ogum
Tenha pena de mim
A minha dor
É maior que esse mundo sem fim
O meu pranto nos meus olhos secou
Meu amor me deixou
Venho pedir
Que meu pai não me deixe cair
E faça o malvado pagar de uma vez

· OGUM ·

Pelo mal que me fez
Venho implorar
Que meu pai não me deixe penar
E faça florir entre as pedras do chão
Uma nova ilusão
Não posso mais
Me afoguei numa taça de fel
Minha cruz é pesada demais
Nesta vida cruel
Sou filha de Ogum
E venho pedir proteção
A bênção meu Pai
[...]
Salve Ogum
Que é nosso guia
Salve Ogum
E a sua lei.

Em 1950, Pixinguinha (Alfredo da Rocha Viana Filho) e seu conjunto gravaram "Yaô", composta por ele, com letra de Gastão Viana. A letra usa algumas

· OGUM ·

palavras da língua iorubá, correntes nos terreiros até os dias de hoje. Trata-se de um convite a uma festa de iniciação, uma saída de iaô, com referências a Ogum e outros orixás. Diz a letra:

Aquicó no terreiro pelú adié [Galo no terreiro tem sua galinha]

Faz inveja pra gente

Que não tem mulher

No jacutá do preto velho [No terreiro de preto velho]

Há uma festa de iaô

Ô tem nega de Ogum

De Oxalá, de Iemanjá

O samba de Oxóssi é caçador

Ora viva Nanã

Nanã Burucu

No terreiro do preto velho

Vamos saravá

A quem meu pai?

Xangô

• OGUM •

Muitas são as regravações de "Yaô", entre as quais a de Clementina de Jesus e a de João Bosco. Yaô é um clássico de uma época em que o samba ainda guardava relações mais estreitas com os terreiros.

O cantor Jamelão gravou, em 1955, "Ogum general de umbanda", de Henrique Gonçalez (disco 78 rpm, gravadora Continental, 1955), um samba em sincretismo explícito. A letra é a fala de um devoto que reafirma sua crença em Ogum, que fará dele um vencedor, como vencedor foi são Jorge, que matou o dragão. Mesmo porque ambos são um só: Ogum no terreiro, são Jorge na igreja.

Tem festa no terreiro
Tem festa no congá
Ogum São Jorge Guerreiro
Grande, famoso orixá
Saravá, minha gente
Salve o povo de Aruanda
Saravá, minha gente
Salve Ogum general de umbanda

· OGUM ·

Ogum general de umbanda
É São Jorge na igreja
E o povo da minha banda
Feliz e alegre festeja
Ogum é o santo da minha devoção
Eu vencerei na vida
Como São Jorge venceu o dragão

Também emblemática é a música "Ogum é São Jorge", de Roberto Martins e Ari Monteiro, gravada em 1952 pelo lendário conjunto Anjos do Inferno (disco 78 rpm, gravadora RCA Victor, 1952). Guerra e amor estão presentes na letra, marcando a presença da mitologia do orixá guerreiro. Também não falta a referência sincrética do orixá Ogum com São Jorge, o santo guerreiro dos católicos. Diz a letra:

Ogum é são Jorge
Sobre a terra e nas ondas do mar
Não existe demanda
Que ele não possa ganhar
[...]

· OGUM ·

Nas batalhas da guerra
Nas batalhas do amor
Quem está com são Jorge
Sempre sai vencedor.

Contar com Ogum é garantia de vitória, mas as virtudes heroicas de Ogum devem ser cultivadas. É preciso ser valente, forte, mesmo quando a conquista é uma disputa de amor.

Pra ninguém nos separar
Na ventura deste amor
Vive acesa em nosso lar
Uma luz em seu louvor
E sendo bom e valente
São Jorge vive presente
No calor deste amor prendeu
O meu coração ao seu
[...]

De autoria de Romildo S. Bastos e Toninho Nascimento, o samba "A deusa dos orixás" foi gravado em 1974 por Clara Nunes, com enorme sucesso,

• OGUM •

mantendo-se sempre presente em seu repertório, que guardou estreita intimidade com temas da umbanda, dos orixás e da louvação das raças que formaram o Brasil. "A deusa dos orixás" (Clara Nunes, álbum "Alvorecer", gravadora Emi-Odeon, 1974) fala da disputa entre Ogum e Xangô pelo amor de Iansã:

Iansã cadê Ogum?
Foi pro mar
Iansã cadê Ogum?
Foi pro mar
[...]
Iansã penteia seus cabelos macios
Quando a luz da lua cheia
Clareia as águas do rio
Ogum sonhava
Com a filha de Nanã
E pensava que as estrelas
Eram os olhos de Iansã
[...]

Trata-se de uma canção de amor e da eterna disputa entre Ogum e Xangô por Iansã, uma mulher intrépida, valente, ciosa de seus atributos mágicos, capaz de tudo para proteger seus filhos, chegando até a tomar para si os cuidados de filhos abandonados por outras mães. Mas que sobretudo é capaz de transformar o amor no mais ardente e desejado prazer carnal. Iansã aqui é disputada por dois homens muito diferentes, Ogum e Xangô.

Ogum é o trabalhador manual criativo e determinado, herói valente de guerras, senhor dos caminhos e oportunidades, homem musculoso, forte e ágil. Ele é pouco afeito ao poder de governar e se sente incomodado com o peso da coroa real, preferindo o trabalho duro e o campo de batalha, inventor de ofícios e conquistador de muitas mulheres e de novos territórios. Do outro lado, Xangô é igualmente guerreiro, como todo rei, mas prefere o exercício da justiça como instrumento de dominação. Governa com o uso da hierarquia e da organização, conhece e tira proveito do trabalho intelectual. Homem de muitas esposas, ele não esconde seu gosto pela vida na corte e pelos prazeres da mesa. Vai à guerra, mas não faz dela sua cara. Prefere governar seu império

• **OGUM** •

por meio de acordos, celebrando uma paz nem sempre verdadeira. De todo modo, são dois modelos de comportamento muito diferentes, como acentua a letra cantada por Clara Nunes:

Na terra dos orixás
O amor se dividia
Entre um deus que era de paz
E outro deus que combatia.

Em "Maracatu do meu avô", de Nei Lopes e Leonardo Bruno, na voz de Alcione (Álbum "Almas e corações", gravadora RCA, 1983), fala-se de um ancestral escravo e de seus talentos e aventuras que o associam a Ogum. O trabalho duro, pesado e produtivo é marca da virtude do antepassado negro, o avô ferreiro, que "não foi qualquer um".

Meu avô nasceu onde o sol morre
E se afoga em fogo em pleno mar
[...]
Cospe rubras fagulhas pelo ar
Meu avô tinha o ofício de ferreiro

• OGUM •

E quem mexe na forja é Ogum
E nascendo ferreiro foi guerreiro

Meu avô não foi qualquer um
Não foi qualquer um, não foi qualquer um
[...]

"Maracatu do meu avô" canta as belezas produzidas pelos artesãos do distante local de origem, a África, enaltecendo a devoção aos orixás. Essa África foi, contudo, alcançada pela escravidão, e o avô foi caçado e vendido como escravo, e seu preço não foi qualquer um.

Mas um dia esse avô foi barganhado
Por um bacamarte de metal
Três alfanjes, um chapéu rendado
Umas duas fiadas de coral
Mais um rolo de folhas de tabaco
Seis retalhos e três galões de rum
Isso e mais vinte e três lenços de linho.

Preço alto, sim, porque, afinal, o avô ferreiro, homem de Ogum, "não foi qualquer um".

· **OGUM** ·

Meu avô não foi qualquer um
Não foi qualquer um, não foi qualquer um.

No período pós-bossa nova, os orixás e muitos temas do candomblé foram incorporados às letras de músicas que assumiam uma postura ideológica crítica em favor dos menos favorecidos socialmente. Tinha início a fase de protesto da música popular brasileira, que seria uma das fontes culturais importantes de resistência à ditadura militar imposta ao país a partir de 1964.

Em "Esse mundo é meu", de Sergio Ricardo e Ruy Guerra, gravado por Nara Leão, em 1963, e depois por Elis Regina e Jair Rodrigues, Ogum é conclamado a lutar em favor dos oprimidos e explorados.

Esse mundo é meu
Esse mundo é meu

Escravo do reino estou
Escravo do mundo em que estou
Mas acorrentado ninguém pode amar
Mas acorrentado ninguém pode amar.

Afirmar que "esse mundo é meu" é o mesmo que dizer que o mundo é do trabalhador, do operário, do camponês, do estudante, do explorado. As letras assumiam, evidentemente, uma perspectiva ideológica de esquerda, muitas vezes disfarçada em uma tentativa de escapar da censura prévia do governo ditatorial, que procurava controlar toda a produção artística, intelectual, científica e midiática da época.

O indivíduo explorado é como o escravo, que não é livre nem mesmo para amar. Nesse momento histórico de luta contra a opressão, Ogum é conclamado a lutar junto.

Saravá, Ogum
Mandinga da gente continua
Cadê o despacho pra acabar?
Santo Guerreiro da floresta,
Se você não vem eu mesmo vou brigar
Se você não vem eu mesmo vou brigar.

Muitas vezes Ogum é chamado simplesmente de São Jorge, mas o contexto da letra indica se tratar do orixá, como em "Samba do carioca", de Carlos Lyra e Vinícius de Moraes, gravado por Wilson Simonal, em 1965 (Álbum "S'imbora", gravadora Odeon, 1965) e incluído no *pout pourri* do álbum "Dois na bossa", de Elis Regina e Jair Rodrigues, gravado ao vivo em 1965, em São Paulo, no teatro Paramount, então chamado de templo da música popular brasileira. São dois os orixás citados, são Jorge-Ogum e Xangô, cada um deles invocado para atender a um pedido diferente, respeitadas as diferenças que marcam a divisão do trabalho característica dos orixás:

Vamos carioca sai do teu sono devagar

O dia já vem vindo aí

E o sol já vai raiar

São Jorge teu padrinho te dê cana pra tomar

Xangô teu pai te dê muitas mulheres para amar

[...]

Vamos minha gente

É hora da gente trabalhar

O dia já vem vindo aí e o sol já vai raiar

E a vida está contente de poder continuar.

A música popular continua mudando ao longo das décadas seguintes, mas Ogum, assim como outros orixás, ainda permanece como objeto de referências poéticas. Zeca Pagodinho, com participação de Jorge Ben Jor, gravou, em 2008, o samba "Ogum", de Claudemir e Marquinho PQD (Álbum "Uma prova de amor", gravadora Universal Music, 2008), em que afirma:

Eu sou descendente Zulu
Sou um soldado de Ogum
devoto dessa imensa legião de Jorge
Eu sincretizado na fé
Sou carregado de axé
E protegido por um cavaleiro nobre
Sim vou na igreja festejar meu protetor
E agradecer por eu ser mais um vencedor
Nas lutas nas batalhas
Sim vou no terreiro pra bater o meu tambor
Bato cabeça firmo ponto sim senhor.

Assumido o compromisso terreiro-igreja do sincretismo, trata-se a seguir de enaltecer as razões que se tem para cantar para Ogum:

• OGUM •

Eu canto pra Ogum
Ogum, um guerreiro valente que cuida da gente que sofre demais
Ogum, ele vem de Aruanda ele vence demanda de gente que faz
Ogum, cavaleiro do céu escudeiro fiel mensageiro da paz
Ogum, ele nunca balança ele pega na lança ele mata o dragão
Ogum, é quem dá confiança pra uma criança virar um leão
Ogum, é um mar de esperança que traz a bonança pro meu oração.

Até mesmo o hip hop marca sua presença com o rapper Gaspar Z'África Brasil que, em 2015, compõe e grava, com a colaboração do rapper Emicida, "Guerreiro de Aruanda" (Álbum "Rapsicordélico", gravadora Elemental, 2015). A letra diz:

Ogum divindade do ferro
O encantado da metalurgia
Domina o fogo, inventor das máquinas

• OGUM •

E toda tecnologia
[...]
Ogum com sua lança
Afasta o inimigo
Abre os caminhos
E protege do perigo
Ogum Ogum Ogum Onirê
Ogum Megê
Agô.
[...]

Em suma, nos traços mais gerais, assim é concebido Ogum ao longo da história da música popular brasileira: o orixá que vence demanda, que protege do perigo, que ajuda seus filhos e protegidos, que abre os caminhos. Mas não só na música, como já foi mostrado: aproximar-se de qualquer campo das manifestações culturais brasileiras sem dar de cara com Ogum e com os demais orixás é empreitada difícil. Nos mais diferentes e até nos mais inusitados caminhos, Ogum vai estar sempre lá.

10 | TRABALHO, PRAZER E PODER NOS MITOS DE OGUM

Trabalho, prazer e poder: esses são os três eixos em torno dos quais orbita a maioria das histórias mitológicas não só de Ogum, mas de muitos orixás. Afinal de contas, são também esses os eixos que articulam a quase totalidade da vida humana no dia a dia. A busca do sustento, a busca da felicidade e a busca pela ascensão social. É porque tiveram de superar as intempéries em suas próprias buscas, como narram as histórias mitológicas, que os orixás são capazes de nos ajudar, recebendo em troca um bom agrado – afinal de contas, os deuses precisam ser sustentados e adulados pelos humanos, em todas as religiões. Além do trabalho, do prazer e do poder, os homens e as mulheres pedem aos deuses saúde, vida longa, filhos e uma boa cabeça para enfrentar o cotidiano, mas esses assuntos são da competência de outros orixás.

A seguir, estão reunidos mitos de Ogum que narram desde o aprendizado de diferentes ofícios, passando pelos deleites e dissabores amorosos, até as duras batalhas, perdidas ou vencidas, travadas em nome da conquista do poder, e às vezes do amor. Os mitos apresentados baseiam-se nas versões contidas no livro *Mitologia dos orixás* (Prandi, 2001). Conforme as religiões dos orixás, cada filho, em algum momento, irá enfrentar em sua vida uma situação semelhante ao que seu pai ou sua mãe espiritual – Ogum, neste caso – enfrentou em um de seus mitos. Os mitos servem, assim, como exemplos, seja de superação, seja de que a derrota não é o fim do mundo. Conhecê-los, portanto, é tão importante e útil quanto conhecer a nós mesmos.

SOBRE O TRABALHO

OGUM ENSINA EXU A TRABALHAR

Exu era um menino muito esperto que enganava todo mundo, sempre querendo tirar vantagem. Como castigo, sua mãe o amarrava no portão de casa. Exu ficava ali atrapalhando o fluxo, e só deixava passar quem lhe desse alguma coisa. Cansada das traquinagens de Exu, sua mãe pediu que Ogum tomasse conta dele. Ao contrário de Exu, Ogum era um menino muito responsável e trabalhador. Os dois cresceram juntos e Exu aprendeu com Ogum a trabalhar, mas sem deixar de ser, como sempre, um menino danado.

· OGUM ·

OGUM DESCOBRE A FORJA

Ogum e seus amigos Alacá e Ajero queriam se tornar reis de suas aldeias, e foram consultar Ifá para receber uma orientação sobre como atingir esse objetivo. Foram instruídos a fazer ebó. A prescrição deu certo para os amigos de Ogum, mas não para ele.

O adivinhou o orientou a refazer o ebó, sacrificando um cão sobre sua cabeça e espalhando o sangue sobre seu corpo. A carne deveria ser cozida e consumida por todo o seu egbé. Depois, deveria esperar a próxima chuva e procurar um local onde houvesse ocorrido uma erosão. Ali devia apanhar da areia negra e fina e colocá-la no fogo para queimar.

Seguindo as instruções de Ifá, ao queimar aquela areia, Ogun percebeu que ela se transformava primeiro em uma massa maleável e depois em algo duro e resistente, o ferro. Aplicando esse conhecimento, Ogum forjou primeiro uma tenaz, um alicate para retirar o ferro quente do fogo e assim poder manejar melhor a pasta incandescente. Em seguida, forjou um obé, a faca, e um idá, a espada.

Satisfeito, Ogum passou a produzir toda espécie de objetos de ferro e a ensinar seu manuseio. Veio fartura e abundância para todos. Dali em diante Ogum Alagbedé, o ferreiro, tornou-se próspero e passou a ser saudado como "Aquele que transforma terra em dinheiro".

OGUM ENSINA AOS HOMENS A PLANTAR

Aborrecido no Orum, o Céu, Ogum queria voltar ao Aiê, a Terra, e ensinar aos homens tudo aquilo que aprendera para ser ainda mais admirado. Após consultar Ifá e fazer um ebó para abrir os caminhos, Ogum desceu à Terra, cultivou os campos e produziu milho e inhame em abundância.

Assim ele ensinou aos homens os segredos da colheita, tornando-se o patrono da agricultura. Em seguida, também os ensinaria a caçar e a forjar o ferro.

• OGUM •

Por tudo isso, foi aclamado rei de Irê, o Onirê. Ogum é aquele a quem pertence tudo de criativo no mundo, aquele que tem uma casa onde todos podem entrar.

OGUM CRIA A AGRICULTURA COM ORIXÁ OCÔ

Quando os alimentos na Terra escassearam, Olorum encarregou Ocô de fazer plantações. Ocô gostou de sua missão, mas não tinha a menor ideia de como executá-la, até que viu um rapaz que revolvia a terra com um graveto para plantar. Ocô foi ajudá-lo, mas o graveto que usavam como ferramenta quebrou-se. Eles passaram então a usar lascas de pedra, mas o trabalho não rendia.

Outro dia, após proteger uma fogueira com lascas da pedra, o rapaz viu filetes que se derretiam e, em seguida, solidificavam-se fortemente, formando um material ótimo para cavar. Ele passou então a modelar os mais diversos objetos a partir daquele material. Fez a enxada, a foice, e fez a faca e a espada e tudo o mais que desde então o homem faz de ferro para transformar a natureza e sobreviver.

O tal rapaz era Ogum, que depois foi aclamado o orixá do ferro. Junto com Ocô, ele usou os novos instrumentos para cavar a terra e plantar. Os alimentos foram abundantes, a humanidade aprendeu a plantar com eles, e na Terra não mais se padeceu de fome. Por isso, Ocô e Ogum foram homenageados e receberam sacrifícios como os patronos da agricultura.

OGUM ENSINA OXÓSSI A CAÇAR

Num dia em que voltava da batalha, Ogum encontrou seu irmão Oxóssi cercado de inimigos, que já tinham destruído quase toda a aldeia e estavam prestes a atingir sua família e tomar suas terras. Mesmo cansado da batalha anterior, Ogum partiu em direção aos invasores e lutou até vencer.

Oxóssi sempre podia contar com a ajuda de seu irmão. Após ensinar Oxóssi a defender-se e a cuidar da sua gente, Ogum o ensinou a caçar, a abrir caminhos pela floresta e matas cerradas.

Agora Ogum podia voltar tranquilo para a guerra. Ogum fez de Oxóssi o provedor. Oxóssi é irmão de Ogum. Ogum é o grande guerreiro. Oxóssi é o grande caçador.

OGUM ENSINA OS HOMENS A FAZER FERRO

Houve um tempo em Ifé em que os orixás e os seres humanos trabalhavam e viviam em igualdade. Todos caçavam e plantavam usando frágeis instrumentos feitos de madeira, pedra ou metal mole. Por isso o trabalho exigia grande esforço.

Com o aumento da população e a necessidade de mais alimentos, resolveu-se limpar um novo terreno para aumentar as plantações. Nenhum orixá, porém, tinha as ferramentas necessárias para o serviço, a não ser Ogum, que conhecia o segredo do ferro. Ele então pegou seu facão, foi até a mata e limpou o terreno.

· OGUM ·

Os demais orixás ficaram com inveja de Ogum e por muito tempo o importunaram para saber o segredo do ferro. Em troca do reinado de Ifé, ele compartilhou o conhecimento da forja com os demais orixás e também com os humanos.

Certa vez, porém, após sair para caçar, Ogum voltou todo sujo e maltrapilho, e os orixás o desprezaram e decidiram destituí-lo do reinado. Decepcionado com a ingratidão dos orixás, Ogum banhou-se, cobriu sua nudez com mariô, folhas de palmeira desfiadas, pegou suas armas e partiu para se estabelecer num lugar chamado Irê.

Os seres humanos, por sua vez, não esqueceram o presente de Ogum e até hoje celebram uma festa em sua memória. Ogum é o senhor do ferro para sempre.

OGUM FABRICA INSTRUMENTOS AGRÍCOLAS

Após Oxaguiã ter inventando o pilão para saborear mais facilmente seus prediletos inhames, todo o povo de seu reino adotou sua preferência. Com isso, comia-se tanto inhame na cidade de Ejigbô que já não se dava conta de plantá-lo. Oxaguiã foi consultar Exu para encontrar uma solução.

Exu o mandou fazer sacrifícios e procurar o ferreiro Ogum. Em troca de oferendas, Ogum arrumou uma solução: fez a enxada e o enxadão, a foice e a pá, fez o ancinho, o rastelo, o arado. "Elejigbô, leve isso ao seu povo, e o trabalho na plantação vai ser mais fácil."

Com os instrumentos de Ogum, o trabalho rendeu como nunca, a fome acabou. O povo de Ejigbô agradeceu a Ogum com banquetes de inhames e cachorros, caracóis, feijão-preto regado com azeite de dendê e cebolas. "A kaja lónì fun Ògúnja mojuba." "Hoje fazemos sacrifício de cachorros a Ogum. Ogunjá, Ogum que come cachorro, nós te saudamos."

Também muito grato, Oxaguiã pediu a Ogum um laço de seu abadá azul e passou a usá-lo com seu axó funfum, sua roupa branca.

· OGUM ·

SOBRE AMOR E SEXO

OGUM ENTREGA OIÁ PARA XANGÔ

Um dia Xangô foi visitar seu irmão Ogum e, ao deparar-se com sua bela mulher, Oiá, desejou-a ardentemente. Pouco tempo depois, dizendo-se doente, Xangô voltou à casa de Ogum pedindo abrigo. Xangô ensinou Oiá a fazer seu prato predileto, o amalá, que sem dúvida saciaria sua fome e o curaria.

Antes de comê-lo, porém, Xangô pediu a Oiá que acrescentasse um pó, advertindo-a que não provasse da comida. A proibição deixou Oiá muito curiosa. No dia seguinte, Oiá fez novamente a comida e a provou sem o pó, não sentindo nada especial. Xangô então entregou-lhe o pó para acrescentar e, através dele, Oiá adquiriu o poder de botar labaredas pela boca.

Ao ver sua mulher cuspindo fogo, Ogum ficou irado, abandonou Oiá e a entregou a Xangô, que cinicamente recusou a oferta. Após a insistência de Ogum, Xangô levou Oiá para sua casa, feliz com sua vitória.

• OGUM •

OGUM RECONQUISTA OXUM

Após brigar com sua esposa Oxum durante um passeio, Ogum a jogou no rio. Xangô, por sua vez, a salvou e a levou para seu palácio.

Ao visitar Xangô, Ogum reencontrou Oxum, que continuava muito bela, e arrependeu-se do que havia feito. Para ter Oxum de volta, Ogum presenteou Xangô com um carneiro bem gordo, ao que Xangô retribui, em forma de deboche, com um cachorro magro.

Ogum não desistiu e mandou a Xangô um enorme cesto de quiabos. Xangô era louco por quiabos; quando os comia, da vida se esquecia.

Ogum aproveitou e, enquanto Xangô se deleitava com a comida, reconquistou Oxum e a levou de volta em sua companhia. Desde então, ela vai com ele a toda parte, seja morando nas estradas ou fazendo guerra.

• OGUM •

OGUM COMETE INCESTO E É CONDENADO A MORAR NAS ESTRADAS

Um dia Obatalá se ausentou, e seu filho Ogum aproveitou-se da ausência do pai e deitou-se com sua mãe Iemu. Quando Obatalá voltou, o galo branco, guardião da casa, começou a cantar: "Ogundadié! Ogundadié!"

Iemu percebeu o motivo do alvoroço do galo e pediu a Ogum que saísse correndo. Obatalá entrou em casa desconfiado, mas não viu nada. Nesse mesmo dia, pediu à mulher que fizesse provisões, pois faria uma viagem muita longa.

Pela madrugada Obatalá saiu, mas se escondeu na mata próxima. Ogum e Iemu novamente se relacionaram. Quando o galo cantou "Ogundadié! Ogundadié!", Obatalá correu de volta à casa e bateu na porta.

Ogum atendeu, deu de cara com seu pai e, imediatamente, atirou-se ao chão pedindo perdão: "Perdoa-me, pai, castiga-me de dia e de noite." E assim foi feito: expulso de casa, enquanto o mundo fosse mundo, Ogum não descansaria de dia nem de noite. As estradas seriam sua morada.

Para sempre andaria por elas, ajudando os viageiros que se perdem nos caminhos e deles recebendo oferendas para sobreviver.

OGUM É CASTIGADO POR INCESTO

Enamorado por sua mãe Iemu, Ogum muitas vezes tentou violá-la, mas sempre fracassou, pois seus irmãos Exu e Oxóssi protegiam a mãe.

Quando seu próprio pai Obatalá o surpreendeu no terrível intento, Ogum suplicou: "Deixa, meu pai, que eu mesmo encontrarei o meu castigo." Foi então para um lugar distante e ali viveu só para o trabalho, impedido de qualquer felicidade.

Labutava em sua forja, consumia-se em amarguras. Somente seu irmão Oxóssi sabia de seu paradeiro, que a ninguém se atrevia a revelar. Ogum vivia disfarçado sob folhas de mariô e ninguém sabia quem ele era realmente.

Os objetos que Ogum fabricava sem descanso espalharam-se pelo mundo e muitos foram procurá-lo pelas ferramentas maravilhosas que ele fabricava. Em meio a eles, chegou a sua casa uma belíssima mulher, Oxum. Desconfiada, ela o fez provar de seus encantos. Ela já o havia visto, antes da fuga, tomar banho no rio, e a musculosa nudez, o sexo poderoso do ferreiro ficara gravado na mente e no coração de Oxum. Ogum não resistiu. Durante o ato de amor, Oxum deixou Ogum nu e, assim, descobriu sua identidade.

Nos braços dela, ele estava finalmente perdoado.

OGUM NÃO RESPONDE ÀS PERGUNTAS DE SEU PAI

Um dia, de volta de uma batalha, Ogum trouxe para a corte de seu pai, como troféu de guerra, uma prisioneira de beleza irresistível. Tão irresistível que, no caminho, Ogum a possuiu.

Quando Ogum entregou a mulher a seu pai Odudua, ele perguntou ao filho se ele havia tido alguma relação com ela. Ogum ficou quieto, era homem de poucas palavras. Odudua então tomou a mulher como esposa, tal era sua beleza.

No tempo certo a mulher pariu um filho do rei, que foi chamado Oraniã, o fundador das dinastias dos reis da cidade de Oió. Essa cidade foi a sede do maior império iorubá, onde também reinou Xangô.

Mas Oraniã tinha alguma coisa de diferente. Enquanto Odudua era branco, era funfum, ou quase, Ogum era negro, e Oraniã nasceu com um lado do rosto branco e o outro preto. Odudua perguntou a Ogum se era mesmo verdade que ele, Ogum, não tinha tido relação com a mulher durante o caminho. Novamente, Ogum não respondeu, e o pai tomou seu silêncio como afirmação de que a mulher não tinha sido tocada pelo filho.

· OGUM ·

OGUM MATA A FOME DE OXUM

Na casa de Xangô só se comia galo com quiabo, mas Oxum não comia quiabo e por isso, apesar de ter uma casa linda, roupas das mais belas e muito ouro, passava muita fome enquanto era casada com Xangô.

Um dia, enquanto Xangô estava longe de casa, Oxum sentou-se na varanda com um semblante triste e choroso por causa da fome. Ogum passou montado em seu cavalo, viu Oxum e perguntou o motivo de sua tristeza. "Estou morrendo de fome", ela respondeu. Ogum então deu para ela cinco galinhas, as quais foram prontamente cozidas e comidas por Oxum.

Quando Xangô voltou para casa, encontrou sua mulher feliz e satisfeita. Ciumento, desconfiou que a felicidade de Oxum era responsabilidade de Ogum, e saiu à sua caça.

Ao encontrar Ogum, Xangô partiu para a briga. Ogum tentou evitar o conflito, explicou suas razões e disse que não poderia deixar Oxum passando fome.

Xangô retrucou que a mulher era sua, portanto a trataria como bem entendesse.

Xangô atirou em Ogum seu machado, o oxé. Ogum se protegeu e mais uma vez tentou se explicar. Mais um ataque de Xangô, e Ogum não se conteve. A luta entre os irmãos foi demorada, passando da estrada para a ponte, e depois para a beira do rio.

Sabendo que a água apaga o fogo e, assim, temendo cair dentro do rio, Xangô finalmente se rendeu.

OGUM ABUSA DAS MULHERES

Ogum tinha a fama de abusar das mulheres que iam à floresta, as possuindo com violência. Excitada com as histórias que ouvia, Iemanjá foi à floresta à procura de Ogum. Ogum teve relações com ela e depois a dispensou, a despeito dos pedidos de Iemanjá para permanecer.

Iemanjá procurou Oxum pedindo ajuda. Oxum foi até a floresta, seduziu Ogum e o levou até sua casa,

· **OGUM** ·

que também era a casa de Iemanjá. De noite, no escuro, Oxum trocou de lugar com Iemanjá. Ogum teve muito prazer, mas, no dia seguinte, quando viu Iemanjá deitada a seu lado, ficou enfurecido, espancou Iemanjá e saiu da casa. Na saída, encontrou Obatalá e também o agrediu.

Obatalá fugiu para o rio, atirou-se na água e lá permaneceu até que Ogum partisse. Ogum voltou para o mato e ainda hoje alimenta a fama de gostar de violência, tanto na guerra quanto no amor.

OGUM EM GUERRA COM XANGÔ POR AMOR

Um dia Xangô e Ogum entraram em guerra por Iansã. Ogum veio furioso, vestido em sua armadura metálica com todo tipo de armas e proteção. Era impossível vencê-lo numa luta corpo a corpo.

Xangô, impulsivo, veio sem nada. Sua única arma era uma pedra, que jogou em Ogum e fez com que sua roupa pegasse fogo, obrigando Ogum a desistir da luta e se atirar no rio para se salvar. A tal pedra era *edum ará*, a pedra de raio, e assim Xangô derrotou Ogum e ganhou Iansã.

Ambos eram bons de briga e estavam acostumados às batalhas. Mas Xangô queria desfrutar da boa vida ao lado de Oxum e, por isso, deixou as armas de lado e apelou para a magia do raio.

OGUM ROUBA A PELE DE BÚFALO DE OIÁ

Ogum estava caçando quando avistou um búfalo. Pouco antes de abatê-lo, viu sair da pele do búfalo uma linda mulher, Oiá. Ela não se deu conta de estar sendo observada, escondeu a pele de búfalo no mato e caminhou para o mercado da cidade.

Ogum roubou a pele e a escondeu num quarto de sua casa. Depois, foi ao mercado para cortejar a bela mulher. Pediu-a em casamento. Ela não respondeu e seguiu para a floresta, em busca de sua pele. Não a encontrando, voltou ao mercado e questionou Ogum.

• OGUM •

Ele negou haver roubado Iansã e novamente a pediu em casamento. Oiá cedeu e foi viver com Ogum, mas exigiu que ninguém na casa se referisse a ela fazendo qualquer alusão a seu lado animal. Todos os familiares aceitaram as condições e a vida no lar entrou na rotina. Oiá teve nove filhos e passou a ser chamada Iansã, a mãe dos nove. Mas nunca deixou de procurar a pele de búfalo.

Com o tempo, as outras mulheres de Ogum sentiram-se enciumadas e passaram a planejar uma forma de descobrir o segredo da origem de Iansã. Uma delas embriagou Ogum e este lhe revelou o mistério.

Na ausência de Ogum, as mulheres passam a cantarolar coisas que aludiam ao seu lado animal. Um dia, sozinha em casa, Iansã acabou encontrando sua pele. Ela a vestiu, esperou que as mulheres retornassem da roça e do mercado, onde trabalharam o dia todo, e então saiu bufando, dando chifradas em todas, abrindo-lhes a barriga. Somente seus nove filhos foram poupados.

· OGUM ·

Antes de partir, ela deixou com os filhos o seu par de chifres, que deveriam ser esfregados um no outro nos momentos de perigo. Quando isso fosse feito, Iansã voltaria para os ajudar.

OGUM DISPUTA OIÁ COM XANGÔ

Além de bela, sedutora e guerreira, Oiá era uma ótima cozinheira. Casada com Ogum, certo dia ela foi raptada por Xangô.

Ao saber do ocorrido, Ogum ficou possesso e avisou que não deixaria barato. A disputa começou com as oferendas, após consultas a Ifá. Enquanto Ogum ofereceu alguidares de inhames cozidos e farofa de dendê, Xangô fez oferenda de gamelas de amalá e dúzias de orobôs. Os orixás que deveriam resolver a questão gostaram de tudo, mas Oiá ficou na dúvida.

Nada se resolveu, e a disputa continuou.

· OGUM ·

Ogum apresentou-se com sete escravos e Xangô com doze. Os sete escravos de Ogum se igualavam em trabalho e valor aos doze de Xangô.

Nada se resolveu, e a disputa continuou. Nenhum dos dois conseguia provar ser melhor que o outro.

Ogum então resolveu partir para a luta. Xangô revidou. A guerra terminou empatada.

Até hoje, muitas aventuras são contadas sobre a eterna guerra de Xangô e Ogum pelo amor da bela Oiá.

OGUM POSSUI OIÁ

Obá tinha prazer em fazer a guerra. Gostava tanto dela que um dia desafiou até mesmo Ogum, o valente guerreiro. Sabendo dos feitos de Obá, Ogum consultou os babalaôs.

Ele foi aconselhado a fazer um ebó com espigas de milho e quiabos, tudo pilado, formando uma massa viscosa e escorregadia, que deveria ser colocado no local da luta.

Em dado momento da luta, enquanto Obá estava em vantagem, Ogum a atraiu para perto da oferenda. Ela escorregou e caiu.

Ogum se aproveitou da situação, tirou-lhe a roupa e a possuiu ali mesmo, tornando-se, assim, seu primeiro homem.

OGUM É SEDUZIDO POR OXUM E VOLTA À FORJA

Ogum havia prometido a seu pai Obatalá que trabalharia na forja para sempre, como punição por ter praticado incesto. Mas Ogum estava cansado, e queria voltar para a floresta e viver como caçador. Como era poderoso e orgulhoso, ele deixou tudo para trás e partiu para a floresta.

Preocupados com a produção dos artigos de ferro, os orixás, tentaram convencer Ogum a voltar, mas ele não ouvia ninguém, queria ficar no mato. Sem ele, não havia mais instrumentos para plantar, e a fome se instalava. Eis que então uma jovem, Oxum, ofereceu-se

• OGUM •

para convencer Ogum a voltar. Os orixás a princípio não concordaram, pois uma jovem frágil como ela poderia até ser morta por Ogum.

Ela insistiu, e acabou convencendo Obatalá, que a autorizou a ir.

Oxum entrou no mato usando apenas cinco lenços transparentes presos à cintura, os cabelos soltos, os pés descalços e um perfume arrebatador, e começou a dançar.

Ogum foi imediatamente conquistado, mas ficou observando de longe, escondido no mato. Oxum fazia de conta que não via Ogum e dançava cada vez mais perto de onde ele estava.

O vento balançava seus lenços, deixando ver por segundos a irresistível carne de Oxum. Ogum não se conteve e passou a segui-la, mas sem se mostrar. Oxum, por sua vez, ia sutilmente tomando a direção da cidade, sempre dançando.

Quando Ogum se deu conta, eles já estavam na cidade, com os orixás em volta. Para não admitir que fora seduzido e enganado, Ogum deu a entender que voltara por vontade própria e nunca mais abandonaria a cidade nem sua forja.

Ogum estava de volta, agora os homens teriam as ferramentas para produzir no campo, não haveria mais fome. Oxum salvara a humanidade com sua dança de amor.

SOBRE O PODER E A GUERRA

OGUM LIDERA A REBELIÃO DOS HOMENS CONTRA AS MULHERES

No começo do mundo, eram as mulheres que mandavam na Terra. Elas tinham todo o poder e sabiam todos os segredos.

Iansã criou a sociedade dos egunguns, a sociedade de culto aos antepassados masculinos, e os homens estavam sempre submissos ao poder feminino. Quem não se submetesse a Iansã não poderia ser louvado

• OGUM •

depois de morto e muito menos renascer. Só ela dominava esse mistério e o usava a favor das mulheres.

Se alguma mulher queria humilhar um homem, bastava ir até a árvore falar com Iansã, que tinha um macaco ensinado pronto para colocar o homem em uma situação ridícula. O macaco se apresentava diante do homem de modo tão ameaçador que qualquer valentão saia correndo, sob o escárnio dos demais.

Um dia, porém, os homens se revoltaram. Consultaram Orunmilá, que lhes recomendou fazer um ebó, um sacrifício, com galos, uma roupa vermelha, uma espada imensa e afiada, um chapéu que aumentava muito sua altura. Ogum ficou encarregado de deixar o ebó ao pé da árvore onde as mulheres se reuniam.

Ele ofereceu os galos, vestiu a roupa e o chapéu e empunhou a espada. O macaco se assustou com a visão e se escondeu no mato. Quando as mulheres chegaram e viram Ogum daquele jeito, ostentando um poder que elas jamais tinham imaginado existir, ficaram em pânico. Iansã foi a primeira a fugir de medo. Uma das mulheres, de pavor, correu tanto que desapareceu da face da Terra para sempre.

Desde esse dia o poder pertence aos homens. E, para que elas nunca mais retomassem o domínio, foram expulsas das sociedades secretas. Iansã ainda é a rainha do culto dos eguns, mas o poder e os segredos dos vivos, agora, pertencem aos homens.

OGUM GANHA O REINO DE IRÊ

Odudua, rei de Ifé, mandou seu filho Ogum conquistar os reinos vizinhos. Muito competente na arte da guerra, Ogum aumentou de maneira fabulosa o império de seu pai.

Após invadir a cidade e cortar a cabeça do rei de Irê, Ogum decidiu levá-la de presente a seu pai, sem saber que era um tabu um rei ver a cabeça de outro rei.

Alguns conselheiros de Odudua souberam do presente que Ogum trazia e disseram a Odudua que seu filho estava querendo usurpar-lhe a coroa. Odudua

· OGUM ·

enviou uma delegação para encontrar Ogum fora dos portões da cidade e explicar-lhe sobre o tabu.

Como Ogum foi interceptado antes de chegar ao palácio de seu pai, não havia mais perigo. Satisfeito, Odudua presenteou Ogum com o reino de Irê e com todos os prisioneiros e as riquezas conquistadas naquela guerra.

Assim Ogum tornou-se o Onirê, o rei de Irê.

OGUM TORNA-SE ORIXÁ

Ogum, perito na arte da guerra, sempre trouxe diversos frutos para o reino de seu pai. Além da guerra, amava também as aventuras amorosas. Amou Oiá, depois Oxum e Obá, as três mulheres de seu maior rival, Xangô. Em uma luta, Ogum tomou para si a coroa de Irê, mas acabou deixando depois o trono para seu próprio filho.

Enquanto rei de Irê, Ogum Onirê usava a pequena coroa chamada acorô, uma coroa pequena e muito mais modesta que aquelas usadas pelos reis das cidades que formavam o império de Oió. Por isso, também era chamado de Ogum Alacorô, o Senhor do Acorô.

Certo dia, enquanto a cidade de Irê realizava um ritual sagrado de silêncio, Ogum chegou de uma batalha de vários dias. Ogum sentia sede e fome, mas ninguém o atendia. Ninguém podia falar com ninguém. Ninguém podia dirigir o olhar para ninguém.

Achando que ninguém o reconhecia, mesmo com todas as guerras vencidas, Ogum se sentiu desprezado, humilhado, enfurecido. Sacou então sua espada e pôs-se a destruir a cidade e os seus súditos. Após o banho de sangue, a cerimônia religiosa terminou e com ela a imposição de silêncio foi suspensa.

O filho de Ogum e outros homens que se salvaram da matança vieram ao seu encontro, contaram da cerimônia do silêncio, renderam-lhe as homenagens devidas, saciaram sua fome e sua sede, o vestiram com roupas novas e cantaram e dançaram para ele.

Mas agora, sabendo do motivo real de não ter sido reconhecido, Ogum estava inconsolável, envergonhado,

· OGUM ·

sentia que já não podia ser o rei. Fustigou-se dia e noite em autopunição.

Em meio ao tormento, humildemente, enfiou sua espada no chão, desejando a morte como castigo merecido por seu erro, que o fez matar os que deveria proteger. Instantaneamente, a terra se abriu e ele foi tragado solo abaixo, indo parar no Orum, o Céu habitado pelos deuses.

Não era mais humano, nem mortal. Por conta de todos os seus feitos gloriosos que jamais seriam esquecidos, Ogum se tornara um orixá.

OGUM ATENDE A UM PEDIDO

Havia um pobre homem que peregrinava por toda parte em busca de trabalho, mas que era sempre escorraçado pelos donos da terra. Cansado, ele foi a um babalaô, que o mandou fazer um ebó na mata.

No meio do despacho, fez tanto barulho que Ogum, o dono da mata, foi ver o que ocorria. O homem viu

Ogum, caiu a seus pés implorando seu perdão e lhe ofereceu o ebó que preparava.

Após se saciar, Ogum ouviu os infortúnios do pobre homem e lhe mandou que desfiasse folhas de dendezeiro, mariô, e as colocasse nas portas das casas de seus amigos.

Naquela noite, Ogum levou a destruição à cidade de onde vinha o homem, poupando apenas as casas identificadas pelo mariô na porta.

OGUM É AJUDADO PELA MORTE

Ogum e Xangô, magníficos guerreiros, brigavam entre si por qualquer motivo. Certa vez Ogum propôs a Xangô uma trégua temporária. Xangô fez alguns gracejos, Ogum revidou, e no fim das contas, ao invés de manter a luta, decidiram fazer uma aposta. Quem conseguisse reunir mais búzios ganharia, e quem perdesse deveria dar ao vencedor o fruto de sua coleta. Marcaram lugar e hora para o confronto.

· OGUM ·

Ogum desconfiava que Xangô nada temia, a não ser a Morte. Antes do evento, Ogum foi à casa de Oiá e pediu que ela mandasse Icu, a Morte, à praia no horário que havia combinado com Xangô.

Oiá aquiesceu em troca de uma quantia em ouro.

Na manhã seguinte, no local em que os búzios de cada um seriam contados, Xangô, certo da vitória, cantarolava piadas jocosas contra Ogum, enquanto Ogum permanecia calado, segurando o saco com seus búzios.

Distraído, Xangô não percebeu a aproximação de Icu. Tomou um susto tão grande ao ver a Morte à sua frente que abandonou o local na velocidade do raio. Não sem antes abandonar seus búzios ali mesmo, que foram recolhidos pelo rival.

OGUM SE EXILA

Após criar a Terra, Oxalá desceu com os outros orixás ao mundo recém-criado para completar a Criação.

• OGUM •

Porém, com seus instrumentos de bronze, Oxalá, não conseguia atravessar a densa floresta.

A pedido dos orixás, Ogum, que tinha o instrumento de ferro capaz de abater as árvores e moitas e abrir caminho, ajudou Oxalá. Em troca, a coroa da cidade de Ifé foi oferecida a Ogum.

Ogum não desejava governar nem ter súditos, por isso recusou a oferta. Ele preferia viver caçando e guerreando, e por isso foi viver sozinho no alto de uma colina, de onde podia vigiar ao longe e observar suas presas.

Certo dia, ao descer à cidade para visitar os orixás, não foi recebido, porque suas roupas estavam manchadas de sangue de suas caçadas. Desgostoso, Ogum tirou as roupas sujas, vestiu-se com folhas novas de palmeira e foi viver sozinho nas estradas, nunca permanecendo muito tempo num mesmo lugar.

OGUM

OGUM DESAFIA NANÃ

Há tempos, Ogum, o senhor dos metais, era rival de Nanã Burucu. Por ser ele quem fabricava os instrumentos de ferro dos quais todas as outras divindades dependiam, Ogum era reverenciado.

Sem a licença do Oluobé, o Senhor da Faca, não havia sacrifício; sem sacrifício não havia orixá. Era preciso, antes de tudo, pedir licença a ele pelo uso da faca, o *obé*, com que se abatiam os animais e se preparava a comida votiva.

Enciumada com a precedência dada a Ogum, Nanã disse que não precisava de Ogum para nada. Ogum a desafiou, dizendo que ela não conseguiria viver sem uma faca de metal. Ela aceitou o desafio e nunca mais usou uma.

Essa decisão de Nanã se estendeu a todos os seus seguidores, e até hoje nenhum deles se utiliza de objetos de metal para qualquer cerimônia em seu louvor.

Assim, os sacrifícios feitos a Nanã são feitos sem a faca, sem precisar da licença de Ogum.

· OGUM ·

OGUM RECOMPENSA A VENDEDORA DE ACAÇÁ

Quem conhecia Ogum só conseguia imaginá-lo usando sua espada de forma destrutiva, mas um encontro dele com uma vendedora do mercado mostrou um outro lado do guerreiro.

Um dia, Ogum chegou da guerra com seu exército faminto e se dirigiu ao mercado para alimentar seus homens. Lá encontrou somente uma mulher que vendia acaçá.

Essa mulher havia consultado um babalaô para melhorar de vida. Foi orientada a fazer um ebó e aguardar os acontecimentos.

Ela serviu acaçá a todos os soldados, mas Ogum lhe disse que não tinha dinheiro para pagá-la. Ela disse que servir ao rei era pagamento suficiente.

Ele então dividiu com ela o butim de guerra. Com isso, a vendedora de acaçá tornou-se uma mulher rica e espalhou a fama de Ogum como guerreiro vencedor, bom e generoso.

Glossário

Acaçá [*akasa*]: bolinho de amido embrulhado em folha de bananeira.

Acorô [*kóró*]: pequena coroa usada por Ogum.

Aiabá [*ayaba*]: rainha, esposa do rei; no candomblé, orixá feminino.

Aiê [*ayé*]: a Terra, mundo dos homens. Outro nome para o orixá Onilé.

Amalá [*àmala*]: comida predileta de Xangô; no candomblé, comida à base de quiabo, camarão seco e azeite de dendê.

Ataré [àtaré]: pimenta.

Axó [aso]: roupa.

Babalaô [babálawo]: sacerdote de Orunmilá; sacerdote do oráculo; adivinho.

Ebó [ebò]: sacrifício, oferenda, despacho.

Edum ará [edùn àrá]: literalmente, pedra de raio; pedra em forma de machado duplo usada como representação material de Xangô.

Egbé [Egbé]: orixá também considerado uma espécie de egungum feminino cultuado por mulheres em Ibadã, muito ligada aos problemas de saúde das crianças. A cana-de-açúcar é seu atributo.

Egungum [Egúngún]: antepassado, espírito de morto, o mesmo que egum; alguns orixás são eguns divinizados.

Euó [ewò]: interdição religiosa; tabu; quizila.

Funfum [funfun]: branco.

Ibá [igbá]: cabaça; assentamento ou altar da divindade.

Idá [idà]: espada, punhal.

Iná [iná]: fogo.

Mariô [màrìwò]: folha nova da palmeira de dendê.

Obé [òbe]: faca.

Obi [obì]: noz-de-cola, fruto africano aclimatado no Brasil (*Cola acuminata*, *Sterculiaceae*), indispensável nos ritos do candomblé. V. Orobô.

Ocó [okó]: comunidade.

Odu [Odù]: nome de uma das mais velhas feiticeiras Iá Mi Oxorongá, que teria sido mulher de Orunmilá.

Ogó [ògo]: porrete usado por Exu, geralmente com formato fálico.

Orim [orin]: cantiga.

Oriqui [oríki]: epíteto, frase de louvação que acompanha o nome de determinada pessoa, família ou orixá e que fala de seus atributos e atos heróicos.

Orobô [orógbó]: noz-de-cola amarga, falso obi (*Garcinia gnetoides*, *Clusiaceae*), fruto usado no culto de Xangô. V. Obi.

Orucó [orúko]: nome.

Orum òrum]: o Céu, mundo sobrenatural, mundo dos orixás; cada um dos nove mundos paralelos da concepção iorubá.

Otá [ota]: pedra; seixo usado para assentar (representar) o orixá.

Oxé [osé]: machado duplo de Xangô.

Peregum [pèrègùn]: a planta dracena (*Dracaena fragrans*, *Asparagaceae*).

Rum [do fon *hun*]: tambor; no candomblé, nome do maior dos três atabaques; dança solo do orixá no barracão do candomblé.

Xequerê [sekeré]: chocalho feito com cabaça coberta por uma rede de contas.

Xirê [siré]: brincar; no candomblé, ritual em que os filhos e filhas de santo cantam e dançam numa roda para todos os orixás.

BIBLIOGRAFIA

AMADO, Jorge. *O compadre de Ogum*. Posfácio de Reginaldo Prandi. São Paulo, Companhia das Letras, 2012.

BARNES, Sandra T. (org). *Africa's Ogun: Old World and New*. Bloomington, EUA, Indiana University Press, 1989.

BASTIDE, Roger. *O candomblé da Bahia: rito nagô*. São Paulo, Nacional, 1978.

BOLÍVAR ARÓSTEGUI, Natalia. *Los orishas en Cuba*. Havana, Cuba, PM Ediciones, 1994.

CORRÊA, Norton F. *O batuque do Rio Grande do Sul*. Porto Alegre, Editora da UFRGS, 1992.

FADIPE, N.A. *The Sociology of the Yoruba*. Ibadan, Nigéria, Ibadan University Press, 1970.

LUCAS, J. Olumide. *The Religion of the Yorubas*. Lagos, Nigéria, C. M. S. Bookshop, 1948.

PRANDI, Reginaldo. *Os candomblés de São Paulo: a velha magia na metrópole nova*. São Paulo, Hucitec/Edusp, 1991.

PRANDI, Reginaldo. *Mitologia dos orixás*. São Paulo, Companhia das Letras, 2001.

PRANDI, Reginaldo. *Segredos guardados: orixás na alma brasileira*. São Paulo, Companhia das Letras, 2005.

PRANDI, Reginaldo. *Aimó: uma viagem pelo mundo dos orixás*. São Paulo, Seguinte/ Companhia das Letras, 2017.

PRANDI, Reginaldo (org). *Encantaria brasileira: o livro dos mestres, caboclos e encantados*. Rio de Janeiro, Pallas, 2011.

RIBEIRO, René. *Cultos afro-brasileiros do Recife: um estudo de ajustamento social*. Recife, Instituto Joaquim Nabuco, 1978.

SALAMI, Sikiru. *Ogum: dor e júbilo nos rituais de morte.* São Paulo, Oduduwa, 1997.

SOYINKA, Wole. *Myth, Literature and the African World.* Londres, Inglaterra, Cambridge University Press, 1995.

VALLADO, Armando. *Lei do santo: poder e conflito no candomblé.* Rio de Janeiro, Pallas, 2010.

VERGER, Pierre Fatumbi. *Notas sobre o culto dos orixás e voduns.* São Paulo, Edusp, 1999.

VERGER, Pierre Fatumbi. *Orixás: deuses iorubás na África e no Novo Mundo.* Salvador, Corrupio, 1997.

Ferramenta de Ogum (foto de Reginaldo Prandi)